Hannes Androsch

Im Wendekreis der Weltwirtschaft

Ein Kaleidoskop rund um den 70. Geburtstag von Hannes Androsch

Beppo Mauhart (Hrsg.)

Grafische Gestaltung:
Mag. Dietmar Tadler
Elisabeth Waidhofer

echomedia

Impressum:

ISBN: 978-3-902672-05-6
2008 echomedia verlag ges.m.b.h.
A-1070 Wien, Schottenfeldgasse 24

Produktion: Ilse Helmreich
Produktionsassistenz: Brigitte Lang
Lektorat: Roswitha Horak
Repro: mPg medienProduktionsgesmbH
Druck: Finidr s.r.o., Český Těšín

Inhalt

Seit nahezu drei Jahrzehnten bekleidet Hannes Androsch kein politisches Amt mehr. Politisch präsent ist er trotzdem.
Hannes Androsch, der als einziger Bürger Österreichs davon überzeugt ist, dass er nie Bundeskanzler werden wollte, kann als Bankdirektor, Unternehmer, Industrieller gar nicht anders als politisch denken, nachdenken, mitdenken, vordenken.
Ein Citoyen im umfassendsten Sinn des Wortes. Jederzeit nimmt er am öffentlichen Geschehen Anteil, hält Vorträge, schreibt Kommentare, verfasst Bücher. Wird er gefragt, nimmt er Stellung. Wird er nicht gefragt, ebenso. Spart nicht mit Ratschlägen, hat keine Scheu, aufzuzeigen, was aufzuzeigen ist.

Zwangsläufig belebt die Finanzkrise seine Sinne. Wie ein aufgescheuchtes Wild sieht er förmlich die heraufdräuende Gefahr. Wenn ein Finanzminister, wie der österreichische, seinen eigenen Kassasturz verlangt, vermutet er dahinter weniger mangelnden Sachverstand als politische Intrige. Und ist empört. Krise kennt kein Parteibuch. Und: Vergesst Maastricht – denkt an die Menschen.
Hannes Androsch verfasste zum aktuellen Geschehen einen fundierten Artikel: „2008: Im Wendekreis der Weltwirtschaft – was ist zu tun?"

Nach der historischen Erfahrung, dass weder staatliche Bevormundung noch ungezügelter Kapitalismus zu einer angstfreien Gesellschaft, gesicherter Arbeit und Einkommen führen, müssen neue Wege gesucht und begangen werden.

Hannes Androsch spürt in seiner knappen Darstellung den Ursachen der Krise nach und formuliert kompetent Anregungen und Zielsetzungen für die Zukunft. Sie lassen sich auf die Erfahrung konzentrieren, dass ein funktionierender Markt Kontrolle braucht und wir mehr und nicht weniger Europa brauchen, mehr Globalisierung und nicht weniger.

Und wir brauchen in Österreich dringend eine Regierung, die zügig und mutig das Notwendige tut und die fähig ist, über eine Legislaturperiode hinauszudenken. Die Neuordnung sozialer und wirtschaftlicher Strukturen braucht längerfristige Orientierung.

Im April dieses Jahres wurde Hannes Androsch 70 Jahre alt. Ganz selbstverständlich rückte er in den Mittelpunkt der Öffentlichkeit: Berichte, Kommentare, Analysen, Rückblicke, Vergleiche mit der Gegenwart.
Der Wiener Wirtschaftsklub lud zu einem hochrangig besetzten Festakt in den Festsaal der Österreichischen Akademie der Wissenschaften. Ewald Nowotny, inzwischen Gouverneur der Oesterreichischen Nationalbank geworden, Herbert Krejci, ehemals Generalsekretär der Industriellenvereinigung, Günther Steinbach, „emeritierter" Sektionschef des Sozialministeriums und Weggefährte von Hannes Androsch aus der Studentenzeit, zogen Bilanz eines erfolgreichen öffentlichen Lebens.

Ein so großer runder Geburtstag regt die verschiedensten Institutionen zu besonderen Würdigungen an. Ein Lebenswerk und das vielfältige aktuelle Engagement wollen gewürdigt sein. Bundespräsident Heinz Fischer überreichte persönlich das Ehrenkreuz für Wissenschaft und Kunst I. Klasse, die Universität Bratislava machte Hannes Androsch zum Ehrendoktor, die Montanuniversität Leoben zum Ehrensenator und die Stadt Leoben zum Ehrenbürger. Der ORF sendete ein Porträt, gestaltet von Helene Maimann, der erfolgreichen Historikerin, Publizistin und Filmemacherin. Das Palais Liechtenstein gab den barocken Rahmen für ein Geburtstagsfest, das dem Ambiente in nichts nachstand.

Anlässe und Ereignisse, würdig sie in Wort und Bild zu dokumentieren, daraus eine zeithistorische Publikation zu gestalten. Ein Kaleidoskop rund um Finanzkrise, Weltwirtschaftskrise, Geburtstagsfest, und mit einem literarischen Dessert am Schluss: „Berufliche Polygamie: Tugend oder Sünde?" von Carl Djerassi.

Beppo Mauhart

»Der Loser sprach einst sehr galant zur Nachbarin, der Trisselwand:
Ach, kommen Sie doch bitte heut Nacht auf meine Hütte.
Die Trisselwand, nicht ganz aus Stein, sie sagt nicht ja, sie sagt nicht nein,
doch plötzlich wird sie rosa und flüstert leis: Sie Loser!«

Hannes Androsch

»2008: Im Wendekreis der Weltwirtschaft – was ist zu tun?«

Mit dem Jahr 2008, dem Beginn meines achten Lebensjahrzehnts, jährten sich zahlreiche historische Ereignisse, die den Lauf der jüngeren Geschichte und das Leben vieler Menschen nicht nur in Österreich für viele Generationen veränderten – und für die die Jahre 1888, 1918, 1938, 1948, 1958 und 1968 stehen. Als besonderes Schicksalsjahr wird auch das Jahr 2008 in Erinnerung bleiben.

1888 begann auf dem Hainfelder „Einigungsparteitag" die mittlerweile 120 Jahre dauernde Geschichte der SPÖ. Norbert Leser hat aus diesem Anlass eine kritische – an manchen Stellen, so möchte ich meinen, überkritische – Analyse veröffentlicht. Das erste Parteiprogramm der SPÖ, das noch zu Zeiten der Habsburgermonarchie entstand, enthielt die Forderung nach sozialer Gerechtigkeit und politischer Gleichberechtigung, den Zugang zu Bildung und einer Wirtschaftspolitik als Grundlage für den Wohlstand aller. Vieles davon ist uns mittlerweile Selbstverständnis geworden, manches aber wird angesichts der weltweiten finanzwirtschaftlichen Turbulenzen und der drohenden Folgen auch bei uns wieder aktuell.

1918, dreißig Jahre nach Hainfeld, entstand als Folge des Ersten Weltkrieges und des Zerfalls der Donaumonarchie ein „Restösterreich" mit rund 6.420.000 Einwohnern (2008 sind es 8.348.233). Diese Erste Republik war ein Staat, den „keiner wollte", wie Hellmut Andics ihn genannt hatte. Das lag wohl vor allem darin begründet, dass damals kaum jemand ernsthaft an die Überlebensfähigkeit des kleinen Landes Österreich glauben wollte.

Diese pessimistische Sicht führte vor dem Hintergrund der Weltwirtschaftskrise der 30er Jahre und der innenpolitischen Spannungen, die nicht zuletzt in den klerikalfaschistischen Ständestaat mündeten, direkt zu den Ereignissen von 1938. Eineinhalb Jahre später brach der Zweite Weltkrieg aus. Manfred Scheuch und Günther Steinbach haben den „Weg zum Heldenplatz" infolge der „Krisen und Katastrophen" der Zwischenkriegszeit eindrucksvoll nachgezeichnet.

1948 hingegen war ein Aufbruchsjahr: Drei Jahre nach Kriegsende begannen die amerikanischen Alliierten mit der Umsetzung des Marshallplanes für das vom Krieg zerstörte Europa. Der Marshallplan hat ganz wesentlich zum Wiederaufbau in Westeuropa beigetragen und bildete vor allem auch in psychologischer Hinsicht einen wichtigen Nährboden für den beispiellosen wirtschaftlichen Aufschwung. Österreich, das hochgerechnet 100 Milliarden Schilling (7,3 Milliarden Euro) erhalten hatte, profitierte von der Marshallplanhilfe in einem besonders hohen Ausmaß.

Einen weiteren wichtigen Katalysator für den Aufstieg Europas stellte die am 1. Jänner 1958 durch die Römischen Verträge geschaffene Europäische Wirtschaftsgemeinschaft dar. Aus realpolitischen Gründen war es Österreich lange nicht möglich, vollständig an der europäischen Integration teilzunehmen. Erst nach dem Zusammenbruch des sowjetischen Imperiums – und damit auch dem Ende des Kalten Krieges – hatten Österreichs Ambitionen auf einen Vollbeitritt Erfolgschancen. Nach einem Referendum, bei dem sich zwei Drittel der Österreicher für einen Beitritt ausgesprochen hatten, trat unser Land am 1. Jänner 1995 der EU bei.

In der Folge traten wir der Eurozone bei; seit dem 1. Jänner 2002 wurde der Euro auch für uns – wie für mittlerweile 15 andere EU-Staaten – zur gemeinsamen Währung. Dieser Schritt war durch die Hartwährungspolitik der 70er Jahre bereits vorbereitet

Zwei der wichtigsten Finanzminister der Zweiten Republik: Reinhard Kamitz und Hannes Androsch – ein „Golden Age"

und vorgezeichnet. Wie wichtig und richtig der Euro als Währung für uns ist, zeigt sich gerade jetzt angesichts der Turbulenzen auf den Weltfinanzmärkten. Die Sicherheit, die uns durch die Teilnahme an der Gemeinschaftswährung geboten wird, gäbe es nicht, hätte Österreich den Euro nicht eingeführt. Die Währungen Dänemarks und Schwedens, die der Eurozone nicht beigetreten sind, befinden sich derzeit in Schwierigkeiten und bedürfen umfangreicher Unterstützung durch die Europäische Zentralbank. Ähnliches gilt auch für Ungarn und weitere Staaten Ostmitteleuropas.

Gedacht wurde 2008 auch der Ereignisse von 1968. Dieses Jahr blieb vor allem durch die Studentenrevolten und die 1968er-Bewegung in Erinnerung. 1968 ist aber nicht nur ein bedeutendes Jubiläum für die westliche Hemisphäre. Für die ehemaligen europäischen Ostblockländer bedeutete „1968" vor allem die brutale Niederschlagung des „Prager Frühlings" durch den sowjetischen Panzerkommunismus, dem umgehend ein eisiger „Prager Winter" folgen sollte. Zwanzig Jahre später sank das sowjetische Imperium in sich zusammen. Dessen Implosion wird heute von Wladimir Putin und der neuen Nomenklatura Russlands für das größte geopolitische Unglück des 20. Jahrhunderts angesehen. Wer so formuliert, will die Geschichte zurückdrehen.

Jedenfalls folgte auf diese „Epochenwende" 1989 ein Zeitraum rasanter dramatischer Veränderungen: In den USA herrschte triumphalische Stimmung; man vermeinte, den Wettkampf der Ideologien gewonnen zu haben, sah allenthalben das „Ende der Geschichte" (Francis Fukuyama) erreicht. Die USA versäumten keine Möglichkeit, die ehemalige andere Supermacht zu demütigen, indem unter anderem deren Satellitenstaaten in die NATO aufgenommen wurden. Die Aufstellung von Raketen in Polen und von Überwachungseinrichtungen in Tschechien ist ebenfalls unter diesem Gesichtspunkt zu sehen, ebenso wie der Vorschlag, selbst Georgien oder die Ukraine zu NATO-Partnern zu machen.

Mit dem Untergang des sowjetischen Imperiums waren die USA als alleinige Supermacht verblieben. Die globale Marktwirtschaft erfuhr durch die Rückkehr – aus der selbstgewählten Isolierung – Chinas und Indiens sowie der Länder des ehemaligen

Hannes Androsch und Werner Faymann – wir brauchen eine handlungsstarke Regierung mit dem Mut zum Notwendigen

Sowjetimperiums auf die Bühne der Weltwirtschaft zusätzliche Dynamik. Dies war möglich geworden durch die marktwirtschaftliche Öffnung Chinas durch Deng Xiaoping, die Abkehr Indiens vom Nehru-Sozialismus und den Zusammenfall des Sowjetimperiums. Damit war die kapitalistische Marktwirtschaft zum vorherrschenden Wirtschaftssystem geworden.

Gleichzeitig bildete sich eine nie da gewesene weltwirtschaftliche Vernetzung, die durch eine Vielzahl an technischen Neuerungen, vor allem im Transport- und Kommunikationsbereich, ermöglicht wurde. Als Beispiele seien etwa nur die Container-Schifffahrt, der Luftverkehr, Pipelines, Personal Computer, Internet oder die Mobiltelefonie angeführt. Die Welt wurde zum „Global Village", wie der amerikanische Medientheoretiker Marshall McLuhan schon 1962 vorhersagte.

Der unbedingte Glaube an den Markt wurde zum neuen Credo, ein puritanisch marktreligiöser Neoliberalismus zur hochgejubelten Wirtschaftsideologie. Diese fand ab den späten 70er Jahren in „Thatcherismus" und „Reaganomics" eine politische Umsetzung in Form von Deregulierung, Liberalisierung, Privatisierung und der Zurückdrängung des Staates. Wie sich erweisen sollte, war dies eine gefährliche Lösung; allerdings gilt dies in noch höherem Maße für das Gegenteil.

Die Ereignisse im Herbst 2008 – die das Ergebnis sowohl eines Markt- als auch eines Staatsversagens sind – erinnern an die negativen Erfahrungen der Weltwirtschaftskrise vor knapp 80 Jahren. Das Jahr 2008 hat uns die größte Wirtschaftskrise seit 1929 beschert. Damals war die Wirtschaftsleistung auf 30 Prozent geschrumpft und die Arbeitslosigkeit auf 25 Prozent hinaufgeschnellt. Von den wirtschaftlichen Wohlstandsverlusten mit all ihren schrecklichen politischen Folgen war besonders Österreich stark und vor allem anhaltend getroffen. Das autoritäre Regime des Austrofaschismus versagte mit seiner Austerity-Politik auch auf wirtschaftlichem Gebiet. Das wirtschaftliche Desaster, in dem sich unser Land in den 30er Jahren befand, kann zumindest annähernd die Begeisterung über den Anschluss nach dem Einmarsch der Nazi-Truppen erklären.

Die Weltwirtschaftskrise traf Österreich 1929 mit besonders großer Wucht und erreichte ihren Höhepunkt 1933, als von 1,6 Millionen unselbstständig Beschäftigten fast 600.000 ohne Arbeit waren, von denen rund 40 Prozent als sogenannte „Ausgesteuerte" keinerlei Unterstützung mehr erhielten. Die Auswirkungen auf die Betroffenen haben die Soziologen Marie Jahoda, Paul Felix Lazarsfeld und Hans Zeisel in ihrer berühmten Studie „Die Arbeitslosen von Marienthal" eindrucksvoll veranschaulicht.

Auch damals blieben die Banken von der Krise nicht verschont; im Mai 1931 musste die Creditanstalt vorübergehend ihre Schalter schließen. Im März 1936 brach dann die Versicherungsgesellschaft Phönix zusammen.

Die Wirtschaftspolitik nach dem Ersten Weltkrieg hatte zu dieser Entwicklung maßgeblich beigetragen, war sie doch vor allem auf die Bekämpfung der Hyperinflation ausgerichtet. Man stützte sich auf die klassische Theorie der Nationalökonomie mit ihrem Say'schen Theorem, dem zufolge das Angebot immer die nötige Nachfrage und damit Marktgleichgewicht und Vollbeschäftigung schafft. Damit verbunden war ein budgetpolitischer Attentismus, bei dem lediglich das ausgeglichene Budget im Fokus lag. Diese Wirtschaftspolitik war damals in allen Ländern verbreitet und verschärfte und verlängerte die Auswirkungen der Krise. Dadurch wurde die Große Depression der 30er Jahre hervorgerufen.

Erst Jahre später, nachdem bereits Hjalmar Schacht in Deutschland – allerdings kriegsorientiert –, im Besonderen aber Franklin D. Roosevelt in den USA mit dem „New Deal" durch defizitfinanzierte Infrastrukturprogramme beim Abbau der Arbeitslosigkeit ohne nennenswerte inflationäre Auswirkungen spektakuläre Erfolge erzielt hatte, lieferte John Maynard Keynes in seiner 1936 erschienenen Schrift „General Theory of Employment" den theoretischen Unterbau für eine antizyklische Konjunkturpolitik. Bei einer solchen sollten Investitionsprogramme der öffentlichen Hand – vor allem im Bereich Infrastruktur – im

Wolfgang Radlegger, Hannes Androsch, Karl Stoss, Rudolf Hundstorfer, Ewald Nowotny – die Krise hat kein Parteibuch

Vordergrund stehen, was nicht zuletzt eine langfristige Verbesserung der Standortqualität sowie eine Erhöhung der Wettbewerbsfähigkeit bedeutete. Im Gegensatz dazu führte der Weg des Dritten Reiches geradewegs in das Inferno des Zweiten Weltkrieges.

Welche finanziellen Möglichkeiten Österreich damals gehabt hätte, beweist, dass nach dem „Anschluss" der Devisen- und Goldschatz der Oesterreichischen Nationalbank von 2,7 Milliarden Schilling (196,2 Millionen Euro), der im Vergleich zu jenem Deutschlands 18-mal größer war, nach Berlin gebracht wurde. Mit diesem Geld wurde für volle neun Monate die Aufrüstung Nazideutschlands finanziert. Demgegenüber wurden unter großem Propagandagetöse mit dem „bayrischen Hilfszug" Lebensmittel nach Österreich gebracht. Der enorme Zuspruch zu Hitler in den frühen 30er Jahren ist vor allem auch vor diesem ökonomischen Hintergrund zu sehen.

Gegen Ende des Zweiten Weltkrieges, im Juli 1944, wurde auf der „United Nations Monetary and Financial Conference" in Bretton Woods (New Hampshire, USA) ein internationales Währungssystem beschlossen, das auf einem Dollar-Gold-Standard beruhte und für mehr als zwei Jahrzehnte währungspolitische Stabilität mit sich bringen und damit eine außerordentliche Expansion des Welthandels ermöglichen sollte. Diese währungspolitische Stabilität wurde zum Motor eines lang anhaltenden weltwirtschaftlichen Wachstumsschubes. Die Folge war ein „Golden Age" nach der „Great Depression" der 30er Jahre. In den 70er Jahren sollte dann allerdings eine „Great Stagflation" folgen.

Von der wirtschaftlichen Prosperitätsphase nach dem Zweiten Weltkrieg profitierte vor allem auch Österreich, das damals praktisch vor dem Nichts stand und sich in einer für heutige Verhältnisse

Ewald Nowotny und Hannes Androsch – Plädoyer für eine globale Kontrolle der Finanzmärkte

unvorstellbaren Notlage befand. In den nachfolgenden Jahrzehnten gelang es Österreich, sich zu einem der reichsten Länder der Welt mit Massenwohlstand und hoher Lebensqualität zu entwickeln. Diese Errungenschaften basieren auf der harten Arbeit und dem Zukunftsoptimismus der Nachkriegsgenerationen, aber auch auf einem kooperativen und sozialen Klima als Ergebnis der österreichischen Sozialpartnerschaft. Die von den schwarz-blauen bzw. schwarz-orangen Koalitionen nach 2000 unternommenen Versuche, diese zu zerschlagen, haben sich für die Fortsetzung des österreichischen Weges des wirtschaftlichen Erfolges keinesfalls als vorteilhaft erwiesen.

Die im Abkommen von Bretton Woods festgelegte Goldkonvertibilität des Dollars ging in den 60er Jahren zunehmend verloren, wobei einer der wesentlichen Gründe hierfür der kreditfinanzierte Vietnamkrieg war. Am 15. August 1971 wurde daher von US-Präsident Richard Nixon die Goldkonvertibilität des Dollars formell suspendiert. In der Folge kam es zu heftigen Spekulationswellen, die sich auf jene Währungen konzentrierten, die gegenüber dem Dollar als unterbewertet galten. In Österreich wurde in der Folge die Währungspolitik des harten Schillings eingeführt. Damit wurde die Euro-Tauglichkeit des Schillings gleichsam vorweggenommen. Die Hartwährungspolitik begründete einer Studie von Anton Kausel zufolge auch die internationale Wettbewerbsfähigkeit der österreichischen Industrie. Ohne Hartwährungspolitik, so Kausel, hätte Österreich im Ranking der Wohlstandshierarchie der Industriestaaten vermutlich niemals einen der vorderen Plätze erklommen.

Die Bewältigung des weltweiten Konjunktureinbruchs gehörte zu den größten Herausforderungen der 70er Jahre. Mit einem Policy-Mix, der neben der Geld- und Währungspolitik auch steuer-, budget- und einkommenspolitische Maßnahmen miteinschloss, wurde der drohenden Rezession erfolgreich begegnet. Diese Politik wurde je nach theoretischer Gewichtung entweder als „Austromonetarismus" (Gottfried Haberler) oder als „Austrokeynesianismus" (Hans Seidel) etikettiert.

Die wirtschaftlichen Wachstumsraten Österreichs lagen in den 70er Jahren über dem europäischen Durchschnitt, die Arbeitslosenrate betrug im Jahres-

Hannes Androsch mit dem deutschen Außenminister und SPD-Kanzlerkandidaten Frank-Walter Steinmeier – ein Regelwerk für den internationalen Finanzmarkt ist eine globale Aufgabe

durchschnitt zwei Prozent, die heimische Wirtschaft wurde modernisiert und erlangte Europareife.

Ein wichtiger Bestandteil der Konjunkturstützungsprogramme war unter anderem ein beschäftigungswirksames, den Strukturwandel förderndes Investitionsprogramm des Bundes, das mit öffentlichen Krediten finanziert wurde. Damit verbunden war eine expansive Budgetpolitik, auf die dann allerdings eine restriktive Haushaltspolitik folgte. So gelang es 1981, das Nettodefizit des Bundes auf die später als „maastrichtkonform" angesehenen 2,5 Prozent des Bruttoinlandsprodukts zu senken, ohne dabei öffentliche und vor allem zukunftsgerichtete Investitionen zu vernachlässigen.

Es verwundert daher nicht, dass nicht nur die Zeit des Wiederaufbaus, sondern vor allem auch die „goldenen" 70er Jahre vielen Menschen positiv im Gedächtnis geblieben sind, wie eine vom Linzer Meinungsforschungsinstitut IMAS durchgeführte Umfrage zeigte.

Im Zuge der Weltfinanzkrise gewinnt nun, am Beginn des 21. Jahrhunderts, die von den Neoliberalen im unbedingten Glauben an die Selbstheilungskräfte des Marktes strikt verworfene Wirtschaftstheorie von John Maynard Keynes erneut an Aktualität.

Ausgangspunkt dieser Weltfinanzkrise war die „Housing Crisis" in den USA. Im Wahlkampfjahr 2004 hatte George W. Bush das Thema Hauseigentum ideologisiert: Jeder Amerikaner sollte sein Eigenheim haben. So wurden nicht nur Hypothekarkredite bis zu 100 Prozent des Kaufpreises gewährt, sondern darüber hinaus auch mit steigendem Wert der Häuser spekuliert und zusätzlich Hypothekarkredite, sogenannte „Home Equity Loans", vergeben. Im Übrigen wurden zunächst geringe Zinsen vereinbart, die allerdings in späterer Folge angehoben wurden. Dies ging so lange gut, solange die Hauspreise in den USA tatsächlich enorme Steigerungsraten aufwiesen. So unterstützte man in den USA mit einer Politik des „billigen Geldes" in riesigen Mengen eine Immobilieninflation. Dazu kam, dass die amerikanischen Bürger – ebenso wie die Regierung, die damit vor allem unnötige Kriege finanzierte – auf Pump lebten.

2006 jedoch drehte sich dieser Trend. Damit begann das Kartenhaus dieser „Ponzi-Pyramide" in sich zusammenzufallen und löste die derzeitige Weltfinanzkrise aus. Grund dafür ist die zunehmende Verflechtung der internationalen Finanzmärkte, vor allem aber auch das Entstehen komplex strukturierter neuer Finanzprodukte. Dabei wurden die Risken in neue Finanzprodukte zerstückelt, wieder zusammengesetzt, gehandelt, „gehedgt" und versichert. Die Bewertungen der Rating-Agenturen, die die realen Risken schon längst nicht mehr erfassten, taten das ihre. So kam es zu einer einfachen Übertragung des Kreditrisikos vom sogenannten Originator an verschiedene Investoren quer über den Erdball.

Die handelnden Personen, Manager ebenso wie Börsenspekulanten, waren von Arroganz, Hybris und Gier getrieben und legten dabei ungeheure Sorglosigkeit und Maßlosigkeit an den Tag. Die Aufsichtsbehörden versagten aus Unverständnis und ebenso großer Sorglosigkeit, und die US-Notenbank begünstigte mit einer zu laschen Geldpolitik – mit zu niedrigen Zinsen – diese Entwicklung zusätzlich. Mahner wie Warren Buffett, der schon im März 2003 darauf hingewiesen hatte, dass die damals neuen Derivate zur Übertragung von Kreditrisken „finanzielle Massenvernichtungswaffen" seien, oder die Risikowarnungen der in Basel ansässigen Bank für Internationalen Zahlungsausgleich – eine Art Bank der Notenbanken – wurden ignoriert. Selbst Alan Greenspan, der lange als Zaubermeister galt und durch die Krise zum Zauberlehrling wurde, wusste schon 1996 um die „irrational exuberance" (irrationale Übertreibung), wie in seiner im Frühjahr 2007 erschienenen Autobiografie nachzulesen ist. Dort räumt er ein, dass er sich des Risikos steigender Hauspreise („asset price inflation") zwar bewusst war, dieses jedoch in Kauf genommen habe, um der Ideologie „Jedem Amerikaner sein Eigenheim", wie George W. Bush postuliert hatte, zu entsprechen.

Vorherige Krisen, die ein warnendes Beispiel hätten sein sollen, wurden, nicht nur von Greenspan, außer Acht gelassen: die erste Mexiko-Krise im Jahr 1982, der Zusammenbruch der Sparkassen in den USA Ende der 80er Jahre, der den amerikanischen Steuerzahler 130 Milliarden Dollar Steuermittel gekostet hatte, das „Junk-Bond-Desaster", der Börseneinbruch von 1987, die schwedische Bankenkrise von 1992, die sogenannte Tequilakrise in Mexiko Mitte der 90er Jahre, die Asienkrise 1997, die Russlandkrise 1998, die „Beinahe-Kernschmelze" des von Wirtschaftsnobelpreisträgern geführten Hedge Fonds namens Long-Term-Capital-Management (LTCM) sowie das Platzen der Dotcom-Blase nach der Jahrtausendwende.

LTCM war mittels hochkomplexer Terminmarktkonstruktionen mit einem Eigenkapital von nur 2,2 Milliarden Dollar in Wertpapiergeschäfte verstrickt, die ein Nominalvolumen von 1,25 Billionen Dollar hatten. Ohne eine Rettungsaktion durch andere Banken in der Höhe von 3,6 Milliarden Dollar hätte der Untergang von LTCM wichtige amerikanische Banken mit in den Abgrund gerissen.

Durch die jetzige Krise droht nicht nur den USA, sondern der gesamten Welt eine Rezession oder gar Deflation bzw. Depression. Darüber hinaus verringert sich Amerikas wirtschaftliche und politische Vormachtstellung in der Welt. Das 21. Jahrhundert wird also nicht mehr so wie das 20. ein „amerikanisches Jahrhundert" sein. Dennoch werden die USA im Weltgeschehen als stärkste und technisch am meisten entwickelte Wirtschaft, als größte Militärmacht und als das Land mit den weltweit besten Universitäten weiterhin eine gewichtige Rolle spielen. Die weitere Entwicklung der USA, aber auch Europas, wird stärker als bisher mit jener von Indien und China verknüpft sein. Vor allem China hatte nämlich seine Währung an den Dollar gebunden („Dollarisierung" oder auch „Bretton Woods II" genannt) und die eigenen Währungen bewusst unterbewertet gelassen, um auf dem amerikanischen Konsummarkt mit den eigenen Produkten zu punkten. Dabei haben die Chinesen auch das amerikanische Leistungsbilanzdefizit finanziert, denn weder die amerikanische Bevölkerung noch die Regierung hatte Sparreserven angelegt.

Die amerikanische Verschuldungspolitik geht bis in die 70er Jahre zurück, als die USA, nachdem das Bretton-Woods-System der fixen Wechselkurse außer Kraft gesetzt worden war, mit den ölexportierenden Ländern einen Petro-Dollar-Standard vereinbarten,

Josef Ostermayer, Hannes Androsch und Werner Faymann – ein Konjunktur- und …

… ein Beschäftigungsprogramm – Hannes Androsch und Bettina Zweiler, Betriebsratsvorsitzende der Pensionsversicherungsanstalt Wien

Hannes Androsch und Barbara Prammer, Präsidentin des österreichischen Nationalrates – vergesst Maastricht, denkt an die Menschen

der es den USA fortan erlaubte, beliebig Geld zu drucken („Fiat money"). Auf Pump leben kann man jedoch nur eine begrenzte Zeit lang, irgendwann einmal fällt jedes Kartenhaus in sich zusammen. Dies ist nachzulesen in Goethes „Faust II".

Es mag wohl als Ironie der Geschichte gelten, dass nun all jene, die meinten, der Markt könne sich selbst erfinden und regulieren – die also religiös-fundamentalistisch an den „magic of the market place" glaubten –, nun nach dem Staat rufen und Verstaatlichungen durchführen, allen voran US-Finanzminister Henry Paulson, der ehemalige Chef von Goldman Sachs. In dieser Funktion hatte sich Paulson stark für jenes Finanzsystem eingesetzt, das den USA – und mit ihnen nunmehr der ganzen Welt – zum ökonomischen Fallstrick werden sollte.

Der Staat muss nun den Rettungsarzt für die selbstverschuldet verunfallte Eigentumsordnung der Finanzwirtschaft abgeben, und zwar deshalb, weil das Geldwesen vor allem auch ein öffentliches Gut darstellt, von dessen Funktionstüchtigkeit das gesamte Wirtschaftsleben abhängig ist.

Die notwendigen Verstaatlichungen von Banken zur Bewältigung der Krise sind nunmehr aber nicht unter der Frage „privat oder Staat" an sich zu sehen, sondern es muss dabei das pragmatische Diktum des legendären SPD-Wirtschaftsministers Karl Schiller aus den 70er Jahren gelten: „So viel Markt wie möglich, so viel Staat wie notwendig!" Dabei muss berücksichtigt werden, dass Geld ein öffentliches Gut ist und damit nicht nur der privaten Eigentumsordnung unterliegen kann.

Mehr denn je gilt es nun, den Kapitalismus zu „zivilisieren", wie dies Marion Gräfin Dönhoff bereits in einem 1997 erschienenen Artikel in der Wochenzeitung DIE ZEIT einforderte, aber es wird auch notwendig sein, den Tiger der Globalisierung zu zähmen – allerdings ohne ihn zu fesseln und dabei zu strangulieren. Isolationismus und Protektionismus sind keine Lösungen, wie die Beispiele Nordkorea, Myanmar und Kuba zeigen. Zentralverwaltungs- bzw. Kommando-Wirtschaftsmodelle sind keine sinnvolle Alternative zum Markt. In Abwandlung eines bekannten Zitats von Winston Churchill könnte man auch sagen, die Marktwirtschaft sei „das schlechteste Wirtschaftskonzept – ausgenommen alle anderen".

Allerdings braucht dieser Markt einen Ordnungsrahmen. Bereits Adam Smith stellte in seinem vor nahezu einem Vierteljahrhundert erschienenen Klassiker „Der Wohlstand der Nationen" fest, dass die „unsichtbare Hand des Marktes" einen Ordnungsrahmen sowie sinnvolle Spielregeln und eine vernünftige Überwachung erfordert, wie dies auch von den Ordo-Liberalen der Freiburger Schule mit Walter Eucken an der Spitze beim Wiederaufbau nach dem Zweiten Weltkrieg vertreten wurde.

Auch Fußball, um einen Vergleich aus der Welt des Sports zu bemühen, funktioniert nur mit Spielregeln und einem Schiedsrichter, soll es nicht zur völligen Anarchie auf dem Spielfeld kommen. Andererseits kann auch nicht jedem einzelnen Spieler ein Schiedsrichter zur Seite gestellt werden. Genauso wenig ist es vertretbar, dass die Spielregeln nur für eine Hälfte des Spielfeldes gelten. Dies gilt sinngemäß für die sogenannten Schattenbanken.

Ein entsprechendes Regelsystem fehlte auf dem internationalen Finanzsektor zunehmend, und nur so konnte es zu diesem Wettcasino eines Raubtierkapitalismus und der Entkoppelung der Finanzwirtschaft von der Realwirtschaft erst kommen. Joseph A. Schumpeter schrieb in seinem Werk „Das Wesen des Geldes": „Der Zustand des Geldwesens eines Volkes ist ein Symptom aller seiner Zustände." Dieser Satz muss inzwischen global gelesen werden.

Die Schaffung eines Regelwerkes für das internationale Finanzsystem und das Währungswesen ist daher überfällig. Die Ordnung der Weltwirtschaft samt einer soliden Finanzarchitektur ist angesichts der Globalisierung keine nationalstaatliche und noch weniger eine parteipolitische Angelegenheit. Auch die internationale Kriminalität oder der internationale Terrorismus kann nicht innerhalb nationaler Grenzen wirkungsvoll bekämpft werden. Deswegen gibt es die Interpol.

Ein Regelwerk für den internationalen Finanzmarkt ist ein globales Anliegen, eine globale Aufgabe. Diese zu lösen bedeutet Vertrauen zu schaffen, Zusammenarbeit zu üben und Verantwortung zu tragen. „Chimerika" – so bezeichneten Niall Ferguson und Moritz Schularick die mittlerweile bestehende wirtschaftliche Symbiose zwischen China und Amerika –, aber ebenso die EU, Japan, Russland, Indien, Brasilien sowie ölexportierende Länder wie Saudi-Arabien werden hierbei eine entscheidende Rolle spielen. Der Weltgipfel der zwanzig größten Industrie- und Schwellenländer (G-20) vom November 2008 sollte dazu den Startschuss gegeben haben.

„Chimerika" ist dabei deshalb so wichtig, weil beide Staaten zusammen 13 Prozent der Landmasse ausmachen, ein Viertel der Weltbevölkerung repräsentieren und etwa ein Drittel der weltweiten Wirtschaftsleistung erbringen. Ihre außenwirtschaftlichen und währungsmäßigen Beziehungen und Verflechtungen hatten und haben wesentlichen Einfluss auf das globale Geschehen. Dies zeigte sich nicht zuletzt angesichts der derzeitig herrschenden tumultösen Zustände; das Verhalten der beiden „Riesen" hat ganz wesentlich zum globalen Wirtschaftsabschwung beigetragen.

Auf der anderen Seite muss bei der Bewältigung der Finanzkrise auch bedacht werden, dass die USA und die EU zusammen für 54 Prozent, also mehr als die Hälfte der globalen Wirtschaftsleistung, stehen. Rechnet man noch die acht Prozent Japans dazu, sind es insgesamt 62 Prozent, und die Gruppe der G-20 – die Protagonisten des Weltfinanzgipfels – steht sogar für 75 Prozent der globalen Wirtschaftsleistung. Es ist daher einsichtig, wo die Hauptverantwortung – und die Anlaufstelle zur Lösung – der gegenwärtigen Probleme anzusiedeln ist.

Vorrangige Aufgabe ist es aber, in einem ersten Schritt alle notwendigen Maßnahmen zur Wiederherstellung des Vertrauens und der Solidität des Bankensektors zu ergreifen. Dies ist enorm wichtig, weil nur dann der monetäre Blutkreislauf insgesamt, aber vor allem das Interbankengeschäft funktionieren können. Dies wird nunmehr nur mittels starker staatlicher Hilfe möglich sein.

Der nächste Schritt muss die Stützung der Konjunktur sein. Der Tsunami im Finanzbereich hat inzwischen auch die Realwirtschaft erfasst: Die Weltwirtschaft wird deutlich langsamer wachsen. Die Frage ist mittlerweile nicht mehr, ob es eine Rezession gibt und welche Länder sie betrifft, sondern, wie gravierend sie ausfällt und wie lange sie anhalten wird. Dies wird nicht zuletzt von konjunkturstützenden Maßnahmen abhängen. Die Europäische Zentralbank hat inzwischen begonnen, langfristige Investitionen, wie etwa im Anlagenbau oder Infrastrukturbereich, über „Commercial Papers" zu unterstützen, von denen indirekt die vielen Zulieferbetriebe und damit viele KMUs profitieren. Um die Auswirkungen der Finanzkrise auf die Realökonomie – also das Schrumpfen der Weltwirtschaft in Form einer Depression sowie eine Explosion der Arbeitslosigkeit mit allen sozialen Folgen – zu vermeiden, bedarf es aber auch der Verschränkung von nationalen und internationalen Maßnahmenpaketen für die Ankurbelung der Konjunktur.

Hannes Androsch und Reinhard Göweil, Leiter der Wirtschaftsredaktion des „Kurier" – ein funktionierender Markt braucht Kontrolle

Bei dieser Aufgabe wird man nicht kleckern dürfen, sondern klotzen müssen – selbst wenn man dabei, bildlich übertrieben ausgedrückt, „aus Helikoptern Geld ausschütten muss" (Paul Krugman, der neue Nobelpreisträger). Natürlich muss dies sinnvoll geschehen, indem man Maßnahmen setzt, die nicht nur Arbeit schaffen, sondern auch Werte, wodurch letztendlich die Zukunftstauglichkeit, Attraktivität und Wettbewerbsfähigkeit des Standortes erhöht sowie ein Beitrag zur Verbesserung der Umwelt geleistet wird. Die Alternativen wären letztlich teurer, aber weniger sinnvoll. Dies gilt auch für die Auswirkungen auf die Staatsfinanzen.

Nach Schätzungen von Jeffrey Sachs werden für die Bewältigung der Krise rund drei Prozent des Weltsozialprodukts notwendig sein. Die zuvor explodierten Preise für Rohstoffe – und da vor allem für Erdöl – sind seit dem Ausbruch der Krise dramatisch zurückgegangen. Betrug der Preis für ein Fass Erdöl im Jahr 1998 noch 10 Dollar, so war dieser innerhalb der letzten zehn Jahre auf 147 Dollar je Fass angewachsen, während er nunmehr wieder auf die Größenordnung von 60 Dollar je Fass zurückgefallen ist. Dieser Preisverfall innerhalb so kurzer Zeit ist eigentlich auch schon wieder „Zu viel des Guten" – und nur Ausdruck der bereits eingetretenen Rezession. Umso mehr können und müssen sich die Notenbanken von der Bekämpfung der Inflation abwenden und den

Hannes Androsch und Karl Schwarzenberg, Außenminister der Tschechischen Republik – wir brauchen nicht weniger, sondern mehr Europa

Gefahren und der Bekämpfung von Deflation und Depression zuwenden.

Wir erleben derzeit weltweit gleichsam den „Fall BAWAG" zur Potenz. Auch damals, im Jahr 2006, hatte die österreichische Regierung Garantien abgegeben. Letztlich kostete diese Rettungsaktion den Steuerzahler nicht einen Cent. Auch jetzt muss es gelingen, die prekäre Situation zu stabilisieren. Bei der Bekämpfung der Finanzkrise darf freilich nicht an Löschwasser gespart werden; mit Spritzpistolen kann man keinen Großbrand löschen, dazu braucht es Wasserwerfer.

Außerdem gilt es, aus der erfolgreichen Bewältigung anderer Krisen die entsprechenden Lehren zu ziehen. Ein Beispiel für die erfolgreiche Überwindung einer Finanzkrise ist das schwedische Beispiel aus dem Jahr 1992.

In Österreich brauchen wir eine handlungsstarke Regierung mit Mut zum Notwendigen und, wenn es sein muss, auch zum Unpopulären. Es gilt, die Altlasten der letzten Jahre – Pflegemisere, Krankenkassendefizite und die Probleme bei Post, Telekom und vor allem der AUA – zu beseitigen sowie die überfälligen Zukunftsaufgaben endlich in Angriff zu nehmen. Aktuell ist ein wirtschaftspolitischer „Great Deal" dringend vonnöten.

Großer Handlungsbedarf besteht im Besonderen in den Bereichen Bildung, Wissenschaft und Forschung.

Wir brauchen endlich eine weitreichende Reform des Spitals- und Gesundheitswesens, die diese Bezeichnung auch verdient. Die Energieeffizienz müssen wir verbessern und Energiereserven besser nutzen. Unsere Energiesicherheit hängt längst an einem seidenen Faden, weil bestehende Leitungsnetze nicht ausgebaut und neue Kraftwerke nicht gebaut wurden. Deshalb sind wir vom Strom-Exporteur zum Strom-Importeur – darunter ein Viertel Atomstrom – geworden. Wir müssen die zu einem Drittel ungenutzte Wasserkraft als umweltfreundlichste Form der Energiegewinnung besser nutzen. Weiters gilt es, energiesparende Maßnahmen und Innovationen auf diesem Sektor zu forcieren.

Ein weiteres wichtiges Anliegen muss außerdem eine Bundesstaats- und Verwaltungsreform sein. Diese darf sich nicht in oberflächlicher Kosmetik erschöpfen, sondern muss bis an die Wurzeln gehen, das heißt, der Dschungel an Vorschriften muss durchforstet, der Wildwuchs der Bürokratisierung auf ein für den Bürger durchschaubares Maß zurückgestutzt werden. Ebenso ist die teure Zersplitterung in vielen Bereichen zu beseitigen: Es gibt in Österreich um 50 Prozent mehr Spitäler als vergleichsweise in Deutschland. Unser kleines Land „leistet" sich 29 verschiedene Elektrizitätsversorgungsunternehmen, 19 Krankenkassen und 27 Sozialversicherungseinrichtungen.

Wir wenden allein 4,1 Prozent der jährlichen Wirtschaftsleistung für die Bürokratie auf. In Deutschland sind es nur 3,3 Prozent, in der Schweiz 1,6 Prozent und in Finnland und Schweden jeweils sogar nur 1,3 Prozent des Bruttoinlandsprodukts. Die frei gewordenen Mittel könnten in Zukunftsaufgaben investiert werden, ohne dass das Budget dadurch zusätzlich belastet wird.

Zu diesen Zukunftsaufgaben zählen unter anderem wichtige Maßnahmen im Bereich von Infrastruktur und Bildung. Die Bildungsausgaben in Österreich sind von ohnehin zu geringen 6,1 Prozent der jährlichen Wirtschaftsleistung im Jahr 1995 auf 5,5 Prozent der jährlichen Wirtschaftsleistung im Jahr 2000 zurückgegangen. Die schlechten Ergebnisse bei den PISA-Studien sind für Österreich daher nicht nur beschämend, sondern auch symptomatisch: Die 21 österreichischen Universitäten mit insgesamt 200.000 Hörern weisen eine dramatische Unterdotierung auf. Ihr Budget beträgt mit 1,2 Prozent des Bruttoinlandsprodukts weniger als die Hälfte von dem der Schweizer Unis. So ist es keine Überraschung, wenn wir innerhalb der entwickelten Industriestaaten eine der geringsten Akademikerquoten vorzuweisen haben. Das Ziel muss daher sein, Qualifikationen und Skills der Österreicher deutlich anzuheben. Auch die Tatsache, dass es hierzulande keine ausreichenden Kinderbetreuungsplätze und noch immer keine gemeinsame Schule für die 10- bis 14-Jährigen gibt, zeigt, wie groß der Handlungsbedarf ist. Andere europäische Länder haben dem gesellschaftlichen Wandel und den ökonomischen Veränderungen weitaus besser Rechnung getragen.

Großer Handlungsbedarf besteht vor allem im Ausbau der infrastrukturellen Netzwerke. So hat etwa die im Vergleich zu Österreich nur halb so große Schweiz gleich viele Autobahnkilometer und trotzdem ein viel besseres Schienennetz als Österreich, weshalb es dort auch ein Mehrfaches an Gütertransit auf der Schiene gibt.

Viele der bereits dringlichen Probleme der Welt, die durch die rasant steigende Weltbevölkerung weiter an Brisanz gewinnen – als einige wenige Beispiele seien Hunger, Mangel an sauberem Trinkwasser, neue Seuchen, Umwelt- und Klimaschutz oder der Bedarf an Energie angeführt –, erfordern zu ihrer Bekämpfung neue innovatorische Lösungen. Diese sind gleichzeitig ein wirksamer Hebel für wirtschaftliches Wachstum. Daher gilt einmal mehr der Leitspruch: Educare et innovare necesse est. Schon Henry Ford meinte vor beinahe einem Jahrhundert, dass das Wachsen der Wirtschaft bereits in den Klassenzimmern beginne.

Die Finanzmarktkrise hat uns aber auch gezeigt, dass wir nicht weniger, sondern mehr Europa und nicht weniger, sondern mehr Globalisierung brauchen. Dies ist ganz im Sinne des Millenniumsberichts von Kofi Annan, der im Jahr 2000 unter dem Titel „We the Peoples ..." erschienen ist.

Martha Kyrle, die Tochter des Bundespräsidenten Dr. Schärf, und Herbert Krejci – „The Other Side of the Hill" –, begeisternder Präsentator der Biografie von Adolf Schärf im Palais Epstein

**»Sie waren schlechte Redner,
sie lasen wenig Bücher,
sie tranken immer denselben Wein
und aßen immer die gleichen drei Gerichte –
aber sie haben das Vaterland gerettet.«**

(Gerd Bacher über die führenden Männer der Nachkriegsregierungen)

Festveranstaltung des Wiener Wirtschaftsklubs am 16. April 2008 aus Anlass des 70. Geburtstages von Hannes Androsch im Festsaal der Österreichischen Akademie der Wissenschaften

Sehr geehrte Damen und Herren, ich darf Sie zu dieser Festveranstaltung im Namen des Wiener Wirtschaftsklubs sehr, sehr herzlich willkommen heißen. Anlass: 70. Geburtstag von Dr. Hannes Androsch. Hannes Androsch hat die österreichische Wirtschaftsgeschichte spätestens seit 1970 mit Sicherheit deutlich geprägt, zuerst als Finanzminister in der Minderheitsregierung, dann als Finanzminister und Vizekanzler in der Alleinregierung, dann als Generaldirektor der größten österreichischen Bank und dann als erfolgreicher Unternehmer in Österreich, und er war natürlich auch mit dem Wirtschaftsklub stets verbunden, dem er bereits seit 1967 – also schon drei Jahre vor der Berufung zum Finanzminister – angehörte, d. h. zu jener Zeit, als Dipl.-Ing. Karl Waldbrunner Präsident des Klubs war. Hannes Androsch ist dann selbst Präsident des Wiener Wirtschaftsklubs geworden, und zwar im Jahr 1979, und das bis zum Jahr 1989 auch geblieben. Im Jahr 2000 ist er Ehrenmitglied des Wiener Wirtschaftsklubs geworden. Wir haben also eine wirklich traditionelle und sehr langfristige Verbindung – Wiener Wirtschaftsklub und Hannes Androsch. Und wie es sich für den Wiener Wirtschaftsklub auch gehört, wollen wir diese heutige Festveranstaltung zu einem Symposium über das politische wie wirtschaftliche Wirken von Hannes Androsch gestalten.

Ein Symposium prominent besetzt mit Wegbegleitern und kritischen Zeitzeugen: Ewald Nowotny, Herbert Krejci und Günther Steinbach.

Mag. Herbert Kaufmann

Jahrgang 1949, arbeitete neben seinem Studium der Volkswirtschaft als Techniker bei verschiedenen in- und ausländischen Unternehmen. 1975 trat er in die Arbeiterkammer Niederösterreich ein, wo er zwei Jahre später zum Leiter der wirtschaftspolitischen Abteilung und 1985 zum Direktor ernannt wurde. Er war unter anderem Abgeordneter zum Niederösterreichischen Landtag und Abgeordneter zum Österreichischen Nationalrat. 1999 wurde er zum Vorstandsmitglied und Sprecher des Vorstands der Flughafen Wien AG bestellt. Zu seinem Verantwortungsbereich zählen die Airline- und Terminaldienste, das Generalsekretariat, die Kommunikation inklusive Investor Relations sowie Strategie und Controlling. Herbert Kaufmann ist auch Präsident des Wiener Wirtschaftsklubs.

Ewald Nowotny

»Afloat on a Turbulent Ocean«

Hannes Androsch und die währungs- und wirtschaftspolitische Entwicklung Österreichs

Der Titel meines Referates „Afloat on a Turbulent Ocean" ist der Titel der englischen Ausgabe der jüngsten Publikation von Hannes Androsch aus dem Jahr 2007. Dieser Titel führt gleich zu zwei interessanten Aspekten. Zum ersten, ich glaube, es gibt derzeit in Österreich nur sehr wenige Persönlichkeiten des öffentlichen Lebens, die bereit und in der Lage sind, ihre Gedanken systematisch in Buchform darzustellen. Ich kenne eigentlich überhaupt niemanden, der das auch auf Englisch macht und sich damit auch in die internationale Diskussion einbringt und damit eine Dimension eröffnet, die wir in Österreich, glaube ich, dringend notwendig haben und dringend stärken sollten. Das zweite Interessante ist der Untertitel dieses Buches, er heißt „A Reflective View of Austria" – und hier sind wieder bemerkenswerte Aspekte von Hannes Androsch: die Fähigkeit und die Bereitschaft zur Reflexion – aber eben nicht nur zur Reflexion. Gegenüber dieser dummen Unterscheidung in Denker und Macher ist Hannes Androsch eben ein Beispiel für das, was wirklich zählt, nämlich ein Macher, der denkt, und der – und das ist wichtig – selbstständig denkt und daher vielseitig ist und auch nicht so leicht in ein Schema zu pressen ist. Das beginnt eben schon mit der wirtschaftspolitischen Einordnung von Hannes Androsch, der ja seinerzeit nicht von ungefähr von einem Policy-Mix gesprochen hat, das heißt, sich hat nie einordnen lassen in irgendwelche Schemata als Keynesianer, als Monetarist, als Neoliberaler; ihn als Marxist einzuordnen wäre ohnehin niemandem eingefallen.

Es ist das Bewusstsein, dass es keine Patentrezepte gibt, die für alle Situationen und für alle Zeiten taugen, dass es wichtig ist, flexibel an Herausforderungen heranzugehen, die Antennen auszufahren, sich selber keine Denkverbote aufzuerlegen. Es ist im Rahmen dieser Feier natürlich nicht möglich, die Qualifizierung mit vielen Beispielen zu belegen. Ich möchte mich auf zwei beschränken – den Bereich Budgetpolitik und den Bereich Geld- und Währungspolitik.

Budgetpolitik ist natürlich ein Kernstück der Finanzpolitik, ist ein Kernstück der Tätigkeit und des weiteren Interesses von Hannes Androsch. Er hat Budgetpolitik immer als eine gesellschaftspolitische Schaltstelle gesehen und hat damit eine zentrale Rolle im Dynamisierungsprozess der österreichischen Gesellschaft in den 70er Jahren gespielt. Hinsichtlich der speziellen Aspekte der Budgetpolitik wurde ja später immer wieder versucht, den Irrglauben zu verbreiten, das wären die Zeiten explodierender Budgets gewesen, an denen die Politik heute noch zu laborieren hat. Die Fakten zeigen eine deutlich andere Sprache. Seit Beginn sei-

Ewald Nowotny
Gouverneur der Oesterreichischen Nationalbank

Geboren 1944 in Wien
Studien der Rechts- und Staatswissenschaften an der Universität Wien und am Institut für Höhere Studien, Wien
» 1973: Habilitation aus Volkswirtschaftslehre und Finanzwissenschaft, anschließend Forschungsaufenthalte und Professur an Harvard Universität, TH Darmstadt, Universität Linz
» 1981–2008: ord. Univ.-Prof. Wirtschaftsuniversität Wien
» 1979–1999: Abgeordneter zum Nationalrat
» 1999–2003: Vizepräsident: Europäische Investitionsbank, Luxemburg
» 2006–2007: Generaldirektor BAWAG P.S.K. Bank für Arbeit und Wirtschaft und Österreichische Postsparkasse Aktiengesellschaft
» seit 1.9.2008: Gouverneur der OeNB

Augenzeuge Ewald Nowotny – in der Krise 1975 hat die österreichische Wirtschaftspolitik viel entschlossener reagiert als viele andere Staaten

ner Amtszeit als Finanzminister hat Hannes Androsch die guten Jahre, Anfang der 70er Jahre, systematisch genutzt, um das Defizit zurückzufahren, wobei man dazu sagen muss, bei insgesamt wesentlich höherem Volumen des öffentlichen Sektors, in dem Sinn, als damals die Investitionen Teil des Gesamthaushaltes waren. Beim ersten Ölschock 1973/1975 war es für Hannes Androsch sehr früh klar, dass das tatsächlich eine grundlegende Veränderung der wirtschaftlichen Konstellation war, und wir wissen ja heute rückblickend, dass der Ölschock 1975 eben nicht nur eine Konjunkturdelle war, sondern das Ende der ökonomischen Nachkriegszeit und damit auch das Ende der Aufholdynamik, der großen Aufholdynamik der europäischen Wirtschaft, verbunden mit dem Ende des Bretton-Woods-Systems im Jahr 1972.

Der zweite große Umbruch kam dann in den 90er Jahren mit dem, was wir Globalisierung nennen, was ja schlicht bedeutet, dass rund 2,5 Milliarden Menschen neu in den Bereich der Weltwirtschaft, einen Austausch der Weltwirtschaft eingetreten sind. Jetzt sind wir mühsam dabei, ein neues Weltwirtschaftssystem zu entwickeln, das diesen neuen Gegebenheiten entspricht und das sicherlich einen Abbau der Hegemonie des Dollars bringen wird und damit das Ende einer Ära, die de facto seit den 40er Jahren des vorigen Jahrhunderts bestanden hat. *(Das Referat hielt Prof. Nowotny am 16. April 2008, also vor Ausbruch der Finanzkrise; Anm. d. Hrsg.)* All das war natürlich 1975 noch nicht in voller Klarheit abzusehen, aber ich kann als Augenzeuge bestätigen, dass sowohl Hannes Androsch wie Bruno Kreisky sehr bewusst war, dass diese Krise 1975 eben mehr als eine Reinigungskrise oder einen Konjunktureinbruch darstellt, und dass die österreichische Wirtschaftspolitik in dieser Phase sehr viel entschlossener reagiert hat, als das in vielen anderen Staaten der Fall war.

Das hat zur Folge gehabt, dass es in Österreich gelungen ist, einen hohen Sockel an Arbeitslosigkeit zu vermeiden. Davon profitieren wir tatsächlich bis heute, denn die größte Gefahr bei Arbeitslosigkeit ist ja, dass sie sich verstetigt, dass durch lange Arbeitslosigkeit Dequalifikation eintritt, dass dann tatsächlich strukturelle Arbeitslosigkeit eintritt – das, was

Eine halbe Regierungsmannschaft in der entspannten Heiterkeit des Rückblicks (v. r. n. l.): Franz Hums (Sozialminister), Karl Lausecker (Verkehrsminister), Rudolf Edlinger (Finanzminister), Erwin Lanc (Innenminister), Karl Blecha (Innenminister)

die Ökonomen versucht haben, Hysterese-Effekt zu nennen – und damit dann tatsächlich die Arbeitslosigkeit ein Dauerzustand wird, mit einem relativ sehr hohen Sockel. Das konnte man in Österreich vermeiden, und das ist das bleibende Erbe und der bleibende Verdienst dieser von Hannes Androsch konzipierten Politik in diesen Jahren.

Dazu gehört auch die entschlossene Politik, Ausbildung als zentrales Element der Wirtschaftspolitik weiterzuführen. Das heißt, zu verhindern, dass verlorene Generationen entstehen, die durch Jugendarbeitslosigkeit ihre Qualifikation nie erreichen können und damit für ein ganzes Leben an Chancen verlieren. Das war eine sehr massive Politik und es ist Österreich gelungen, diese Langzeiteffekte tatsächlich zu erreichen. Natürlich hat sich das im Budget ausgewirkt. 1976 ist das Budgetdefizit auf 4,5 % angestiegen, aber mit der Verbesserung der Wirtschaftslage ist es dann 1981 auf 2,5 % wieder zurückgefahren worden, wobei, wie gesagt, 2,5 % inklusive der öffentlichen Investitionen, die ja heute nicht mehr im Budget drinnen sind. Man muss auch dazusagen – und viele in diesem Raum wissen das –, das ist durchaus durch harte Maßnahmen geschehen. Das zweite Abgabenänderungsgesetz ist ja lange Zeit massiv diskutiert worden. Ich glaube aber, es hat ein Beispiel gegeben, dass eben spätere Regierungen in anderen Konstellationen nicht mehr so folgen konnten, dass es notwendig ist, gute Zeiten zu nutzen für eine Politik des entschiedenen Handelns, der Disziplin, um eben wieder Budgetdefizite zurückzufahren in Bereiche, die dann wieder weiteres Handeln ermöglichen.

Natürlich gelten heute unter EU-Mitgliedschaft, unter Währungsunion-Mitgliedschaft und unter Globalisierung vielfach andere Voraussetzungen für die nationale Finanzpolitik, aber Mut und Konsequenz bleiben weiterhin erforderliche Eigenschaften für eine erfolgreiche Finanzpolitik und das ist ein Erbe und ein Vermächtnis, das uns Hannes Androsch hier gegeben hat.

Noch etwas gehört dazu, nämlich Augenmaß. Hannes Androsch hat immer, auch in seinen jüngsten Publikationen, vor zwei Extremen gewarnt: zum einen, den Staat auszuhungern und damit gesellschaftspolitischen Fortschritt zu verhindern, und zum anderen, zu viel vom Staat zu verlangen, ohne für eine seriöse, langfristige Finanzierung zu sorgen. Hannes Androsch hat weiter immer darauf hingewiesen, dass die Bereitschaft zu dieser Finanzierung auch davon abhängt, dass der öffentliche Sektor in der Lage ist, sich selber effizient und leistungsfähig zu organisieren. Beides gehört zusammen, das heißt, es geht eben hier um eine dynamische Betrachtung und nicht nur um bloße Buchhaltung. Das ist, wenn man will, ein Credo von Hannes Androsch als Wirtschaftspolitiker.

Zweiter Bereich, wo wir persönlich besonders eng immer wieder verbunden sind, ist der Bereich der Geld- und Währungspolitik. Das ist auch ein Bereich, wo Hannes Androsch vielleicht einige seiner schwierigsten Kämpfe auszustehen hatte. Er hat wesentlich das Konzept der Hartwährungspolitik mitentwickelt, das heißt also auch, das Bewusstsein, dass man in schwierigen Zeiten nicht den einfachen Weg einer Abwertung mit der folgenden Inflationsproblematik geht, sondern dass man in der Lage ist und sich bemüht, durch strukturelle Maßnahmen, durch Verbesserungen im Wirtschaftsgeschehen, diese Stabilität sowohl der Währung wie dann letztlich auch der

Ewald Nowotny und Rudolf Nürnberger

Manfred Scheuch, Erwin Lanc, Karl Blecha und Rudolf Edlinger

Ewald Nowotny, Herbert Krejci – nur durch einen Dialog mit Offenheit und Standfestigkeit ist ein langfristiges Miteinander gestaltbar.

Hannes und Brigitte Androsch – daneben Prof. Peter Schuster und Herbert Kaufmann

Preise zu sichern. Wobei, auch das möchte ich gerade heute sagen, auch weil ja viele Zeitzeugen hier dabei sind, man schon darauf hinweisen muss, dass diese Hartwährungspolitik auch gelungen ist, weil es Hannes Androsch immer verstanden hat, ein gutes und vertrauensvolles Verhältnis zu den Gewerkschaften herzustellen. Auch das ist eine wichtige und bleibende Botschaft. Nämlich Gewerkschaften nicht, wie das so manche Adepten von Margaret Thatcher sehen, als einen Feind zu betrachten, sondern als einen wichtigen Partner. Natürlich sind die Gewerkschaften Interessenvertreter, haben Interessen zu vertreten, aber wenn man das in einem Dialog führt mit Ehrlichkeit, mit Offenheit und natürlich auch mit Standfestigkeit, dann ist es möglich, hier ein langfristig sinnvolles und verantwortliches Miteinander zu gestalten. Die Kombination Hartwährungspolitik, Einkommenspolitik, zukunftsorientierte Strukturpolitik hat bewirkt, dass Österreich gut gerüstet in die Wirtschafts- und Währungsunion gehen und heute pro Kopf einer der reichsten Staaten der Welt werden konnte.

Das war alles nicht selbstverständlich und man muss hinzufügen, das ist auch nie auf Dauer gesichert. Weil: In der Wirtschaft ist nie etwas auf Dauer gesichert. Ein Sozialprodukt muss jedes Jahr neu erarbeitet werden. Diese Erkenntnis motiviert Hannes Androsch, sich

Hannes Androsch und Ewald Nowotny – ein Zustand gegenseitiger Achtung und Freundschaft

eben nicht sozusagen auf den Lorbeeren auszuruhen, sondern nach vorne zu schauen, neue Chancen aufzuzeigen und eben auch, wo es sein muss, vor Fehlentwicklungen zu warnen. Solch anhaltendes und selbstloses Engagement verdient Bewunderung.

Meine sehr geehrten Damen und Herren, wenn Sie mir gestatten, möchte ich die ganz wenigen Minuten an Zeit, die noch bleiben, auch noch für ein paar persönliche Anmerkungen nutzen.

Ich kenne Hannes Androsch seit seiner Zeit als Sekretär im SPÖ-Parlamentsklub. Wir hatten Phasen einer sehr guten und engen Zusammenarbeit, wir hatten auch Phasen einer gewissen Spannung, und ich darf von mir sagen und hoffe, wir haben jetzt seit doch längerer Zeit einen Zustand der gegenseitigen Achtung und Freundschaft erreicht. Ich habe es schon angedeutet, wie viele meiner Freunde habe ich an der Entzweiung zwischen Bruno Kreisky und Hannes Androsch furchtbar gelitten, weil ich, wie viele andere auch, beide geschätzt habe, beide verehrt habe, aber, erfreulicherweise, heilt auch hier die Zeit viele Wunden. In einem gewissen Sinne ist es auch die List der Geschichte. Wäre Hannes Androsch, was er nie wollte, aber nehmen wir das an, im Jahre 1979 etwa Bundeskanzler geworden, wäre etwa dann acht Jahre geblieben, das ist eine gute Zeit, wären wir im Jahre 1987, und es ist nicht leicht, sich vorzustellen, was dann eigentlich eine adäquate Beschäftigung für einen Mann mit diesen Talenten gewesen wäre. Weil die meines Erachtens dann naheliegende Funktion, die des Präsidenten der Europäischen Kommission, und das wäre, glaube ich, ein Idealjob für Hannes Androsch gewesen, den glühenden Europäer und den international versierten Mann, die wäre noch nicht verfügbar gewesen. Ich glaube, da hat das Schicksal sozusagen über viele Umwege Hannes Androsch ein Tätigkeitsfeld eröffnet, wo er eben jetzt wirklich in uneingeschränkter Weise, wenn man will in Freiheit, gestalten kann. Diese Freiheit des Gestaltens ist etwas, was er weiterführen wird, wozu ich ihm alles Gute wünsche, und wo ich glaube, dass es gut ist für Österreich, dass es jemanden gibt, der wirklich ein Unternehmer im wahrsten Sinn des Wortes ist, jemand, der handelt, und jemand, der aber auch dabei an das Ganze denkt. In diesem Sinne, alles Gute, ad multos annos!

Herbert Krejci

»Begegnungen auf gemeinsamen Wegen«

Zunächst danke ich sehr herzlich dem Wiener Wirtschaftsklub, der diese festliche Stunde in diesem großartigen Rahmen ausrichtet, für die Einladung an jemand, der formell – ich sage „formell" – von „The other side of the hill" ist. Wie weit ich mich Ihnen und Ihrem Gedankengut verbunden fühle, das mögen Sie mir überlassen; ich stehe Ihnen wahrscheinlich viel näher, als manche denken.

Ich habe mir vorgenommen, ein paar sehr persönliche Bemerkungen zu machen über „Begegnungen auf gemeinsamen Wegen". Ich fasse das Wort „Wege" in geistiger und politischer Hinsicht auf. Es sind Wege, die von einer guten österreichischen Tradition ebenso wie von dem Bemühen um Weltoffenheit und Absage an primitiven Provinzialismus getragen sind, Bemühungen um einen normalen, zivilisierten Ton in der politischen Auseinandersetzung, um die Wahrung sozialpartnerschaftlicher Tradition und den Verzicht auf ideologisch motivierte Polemik, wie wir sie heute schon wieder mit von Hass getragenen Bemerkungen über „de Sozi" – damit fängt es an! – in diesem Land erleben. Es ist aber auch das Bemühen um das Gemeinsame in der Aufarbeitung und Popularisierung unserer österreichischen Geschichte.

Ich erwähne noch einmal das Wort „The other side of the hill". Denn die Beziehung zu Hannes Androsch war anfangs aus meiner persönlichen Sicht von kritischer Distanz gekennzeichnet. Es war eine funktionsbedingte Distanz, nicht eine des persönlichen Ressentiments. Wie ich schon sagte, Hass auf die Sozialdemokratie schwang darin nicht mit – dazu wurde ich im Bereich der Industriellenvereinigung von weisen alten Herren sozialisiert. Ich sage ausdrücklich „alten Herren", so wie das Bruno Kreisky im Nachruf auf Franz Josef Mayer-Gunthof gesagt hat: „Ein großer österreichischer Herr ist von uns gegangen, er hinterlässt eine Lücke."

Aus dieser Distanz wurde in relativ kurzer Zeit Respekt und hohe Achtung für den weiten Horizont, für den Intellekt und – gestatten Sie das dem Journalisten – auch die Freude an der medialen Präsenz. Man kann nämlich Hannes Androsch eines nicht nachsagen: dass er an medialer Präsenz nicht eine geradezu erotische Freude hätte.

Mit der Zeit vertiefte sich dann das menschliche Verständnis, insbesondere in jenen Wochen und Monaten, als eine mit beispielloser Infamie geführte Kampagne gegen ihn in Szene gesetzt wurde. Jenen, die dies damals getan haben, kann ich nur sagen, es gilt das Wort aus der „Tante Jolesch": „Ich kenn' sie

Prof. Herbert Krejci

Geboren 1922 in Wien, nach Matura im März 1940 Arbeitsdienst und Wehrmacht, entlassen aus britischer Kriegsgefangenschaft im März 1946. Nach Rückkehr Information Services Branch der Amerikanischen Streitkräfte in Österreich: 1946 außenpolitischer Redakteur der Tageszeitung „Wiener Kurier"; dort ab 1952 Ressortleiter für Außenpolitik.
Ab 1961 Leiter der Presseabteilung und Chefredakteur der Zeitschrift „Industrie". 1971 Leitender Sekretär, Juli 1977 Generalsekretär-Stellvertreter, 1980–1992 Generalsekretär der Vereinigung österreichischer Industrieller.
Zehnjährige Tätigkeit als Lehrbeauftragter, später Universitätslektor für Public Relations an der Wirtschaftsuniversität Wien (vormals Hochschule für Welthandel).
» Ehrenpräsident der Österreichischen Gesellschaft für Europapolitik
» Aufsichtsrat der Turnauer-Industriegruppe
Bis 2000:
» Vorsitzender des Aufsichtsrates der Österreichischen Elektrizitätswirtschafts-AG (Verbundgesellschaft) und
» Vorsitzender des Aufsichtsrates der VA Technologie AG (seit 1994), seit April 2000 Ehrenvorsitzender

Herbert Krejci – Wege, die von einer guten österreichischen Tradition ebenso wie von dem Bemühen um Weltoffenheit getragen sind

alle", und ich füge hinzu: Viele von denen mögen sich an das Wort aus der Heiligen Schrift „Verhüllt euer Haupt und weinet bitterlich" halten.

Diese Distanz ist, wie gesagt, abgelöst worden durch eine immer innigere menschliche Verbindung, die letztlich zu einer Freundschaft im besten Sinn des Wortes führte. Ich darf eine kleine Anekdote erwähnen: Es war natürlich in Altaussee. Wir hatten Vormittag, und ich glaube bei der zweiten Flasche Wein sagte Hannes Androsch: „Zu Ihrem 85. Geburtstag habe ich einen Wunsch: dass Sie mir das Du-Wort anbieten." Ich habe geantwortet: „Ich wollte es ja schon durch viele Jahre, aber der angeborene und anerzogene Respekt vor einer Respektsperson der österreichischen Republik hat mir das verboten."

Ich schäme mich nicht, mich zu dieser Freundschaft zu bekennen; als alter Soldat würde ich sagen, es gibt noch eine Steigerung, nämlich die Kameradschaft. Freundschaft und Kameradschaft sind gekennzeichnet durch das Prinzip der Verlässlichkeit, durch gegenseitige Achtung und das Bemühen, gemeinsam etwas auf die Beine zu stellen.

Gestatten Sie daher einem „alternden Buben", wie es heute – Metternich schau oba – in der Spitzenregion der österreichischen Diplomatie heißt, mit bewusster Voreingenommenheit ein paar Worte über Begegnungen auf gemeinsamen Wegen zu sagen. Es sind kleine, aus meiner Sicht aber markante Begebenheiten. Aber gerade das viele, was in kleinerem, engerem Bereich geschieht, ist oft wichtiger für die Politik und das Gemeinsame als das ständige Ansprechen der internationalen Dimension.

Die erste Begegnung mit Hannes Androsch war ein Telefongespräch, er wird sich sicher nicht mehr daran erinnern. Die Ursache war ein Irrläufer der österreichischen Post. Es kam nämlich ein Brief per

Hannes Androsch, der Ehrenpräsident der Industriellenvereinigung Hans Igler und Herbert Krejci –
„Aufgeschlossenheit für Innovationen in allen Lebensbereichen und Fortschritt der europäischen Integration sind das Gebot der Stunde."
(Hannes Androsch 1984 bei der Industriellenvereinigung)

Adresse „Herrn Dr. Hannes Androsch, Vereinigung Österreichischer Industrieller, 1031 Wien, Schwarzenbergplatz 4". Ich muss sagen, vielleicht hat die Industriellenvereinigung damals ein großes Talent verloren. Ich rief ihn an und unter gemeinsamem Lachen stellten wir fest, dass dieser Brief ein Irrläufer ist und zurückgeschickt werden muss.

Als zeitgeschichtlich Interessierter möchte ich daran erinnern, dass es gerade im Bereich der politisch denkenden Unternehmer in Österreich eine sichtbare Vorbereitung auf die mögliche Machtübernahme durch die Sozialdemokratische Partei gegeben hat. Vor 1970 trafen sich in der Kanzlei eines bekannten Wiener Wirtschaftsprüfers Damen und Herren von beiden Seiten, also Sozialdemokraten und Unternehmer, eben in Erwartung eines Sieges von Bruno Kreisky.

Einer der Teilnehmer dieses Kreises war eine legendäre Persönlichkeit der österreichischen Industrie, nämlich mein Vor-Vor-Vorgänger Dr. Franz Curt Fetzer, der Prototyp des Homo politicus, der in den 30er Jahren Sekretär des deutschen Reichskanzlers Brüning war und im Zuge der Zeitwirren nach Wien gekommen ist. Schon damals sagte er mir: „Da gibt es eine Zukunftshoffnung, da ist ein Mann, den man sich merken muss." Das war eben Hannes Androsch.

Dann kam jener 1. März 1970, die Reihen der Beobachter in der Zentrale der Österreichischen Volkspartei lichteten sich rasch, denn wie immer, wenn die Bürgerlichen eine Niederlage hatten, liefen sie bald zum Sieger über. Ich habe bis kurz vor dem Ende dieses dramatischen Abends ausgehalten und habe noch die Löwenstimme des Präsidenten Mayer-Gunthof im Ohr: „clades cannaensis" – Niederlage von Cannae.

Dr. Mayer-Gunthof war mein großer und verehrter Lehrer und schließlich Freund, er hat mir menschlich ein wenig leidgetan, als er wenige Wochen nach die-

Henry Kissinger und Herbert Krejci – ein legendärer Auftritt

Bruno Kreisky und Herbert Krejci – Handshake im Oktober 1985

sem 1. März 1970, als die erste Regierung Kreisky konstituiert war, den Bundesminister für Finanzen, einen sagenhaft jungen Mann, begrüßen musste. Hans Dibold, der unter uns ist, war nach meiner Erinnerung bei diesem Auftritt dabei. Ich muss sagen, Hannes Androsch ist mit bemerkenswertem Selbstbewusstsein am Schwarzenbergplatz eingezogen. Aber er hatte es schon bald verstanden, dank seinem Sachverstand auch in Kreisen, die ihm nicht ganz gewogen waren, Respekt zu gewinnen.

Bald darauf aber bahnten sich zwischen dem Finanzminister und der Industriellenvereinigung erste Schritte einer Zusammenarbeit an. Die hier schon erwähnte Energiekrise war der Anlass, dass eines Tages – und das ist typisch für ihn – ein kurzer Anruf kam: „Machen wir was gemeinsam in der Energiepolitik." So stand also Hannes Androsch zum ersten Mal am Schwarzenbergplatz am Rednerpult.

Als ein direkt Betroffener möchte ich noch etwas erwähnen: Im Abgabenänderungsgesetz von 1977 war ein teuflischer Passus enthalten: „Abgabe für Zuwendungen", wie es offiziell hieß; in der Praxis bedeutete das, dass man für jede Zuwendung politischer, kultureller, auch karitativer Art 35 % abziehen und an die Finanzverwaltung weiterleiten musste. Der anfänglichen Skepsis meinerseits wich bald eine innere Beruhigung und Zustimmung; damit war nämlich auch für Transparenz bei jenen Beträgen gesorgt, die in einer Demokratie – völlig legitim – auch an politische Gruppierungen zur Unterstützung ihrer Arbeit weitergeleitet werden.

Hannes Androsch war dann der Erste, der mir telefonisch zu meiner Bestellung zum Generalsekretär der IV gratulierte.

Die Beziehungen zwischen uns wurden immer enger, bis sich die große Krise mit Bruno Kreisky anbahnte. Wieder erinnere ich mich an ein für mich historisches Datum, nämlich den letzten Dienstag im August 1980. Da ist etwas passiert, was in keiner Management-Lehre vorgesehen ist: Wie verhält man sich, wenn der Präsident einer Unternehmerorganisation verhaftet wird? Präsident war damals Fritz Mayer, der später in allen Ehren freigesprochen worden ist. Am Vormittag dieses Tages hatte ich eine Pressekonferenz zum Thema Eigenvorsorge, und ich zitierte die von Hannes Androsch erwähnten drei „E". Das hat damals niemand interessiert, denn es ging ja schon um das Verhältnis zu Bruno Kreisky. Die erste Frage war: „Was sagen Sie zur Causa Androsch?" Dessen erzwungener Abschied aus der Politik bahnte sich schon an. Als Antwort ist mir nichts Besseres eingefallen als das Wort „Don't shoot at an ambulance". Ich glaube, es war richtig gewählt.

Dann kam der Übertritt von Hannes Androsch in die Creditanstalt – für die Großbürgerlichen, soweit es noch welche gegeben hat, ein Elementarereignis. Jetzt geht die Welt unter. Vernünftige Menschen haben damals schon erkannt, dass man sich auch diesem Thema mit Realismus nähern sollte. Dieser Realismus war am Schwarzenbergplatz aus einer besonderen Erkenntnis gespeist, ich bin in diesem Freundeskreis sehr offen: Die Creditanstalt mit ihrem damals noch großen Industriekonzern war das bedeutendste Mitglied der Industriellenvereinigung. Was „bedeutendste" Mitglied heißt, mögen Sie bitte in Beiträge umrechnen. Die Frage war: Wird das so wie bisher funktionieren? Ich sagte damals im Haus, man sollte keine Berührungsängste haben und bewusst Kontakt mit Hannes Androsch aufnehmen.

Ich erinnere mich, dass nicht um einen Schilling weniger an die Industriellenvereinigung überwiesen wurde, mit der für Hannes Androsch charakteristischen grünen Tinte. Die Antwort, die er etwa einem etwas gehässigen Mitglied seiner Fraktion in Angelegenheit Mitgliedschaft zur IV erteilte, war von einer beispiellos skandalösen Kürze: „Dafür ist der Vorstand des jeweiligen Unternehmens zuständig."

Es folgten verschiedene gemeinsame Aktivitäten, etwa eine von beiden Partnern finanzierte Industriegeschichte von Dr. Felix Butschek und ein legendärer Auftritt, nämlich eine Einladung zu einem Vortrag an Henry Kissinger, der ja zu den Freunden von Hannes Androsch zählt.

Dann kamen die Jahre, wo der Generaldirektor der Creditanstalt alles tun musste, um die in Schwierigkeiten geratenen Teile des Industriekonzerns finanziell

Hannes Androsch und Herbert Krejci – so löst man eben heikle Probleme

zu konsolidieren, damit sie in den freien Markt übergeführt werden konnten. Da war es manchmal notwendig, starken medialen Flankenschutz zu geben, auch wenn dieser vielleicht nach strenger Ideologie für einen Unternehmerverband schwer vertretbar war. Aber es gab eben keinen anderen Weg, als letztmalig eine Staatshilfe flüssig zu machen.

Noch eines sei hier ausdrücklich erwähnt: nämlich die legendäre Hartwährungspolitik, die ja nicht nur mit dem Namen Hannes Androsch, sondern auch – das ist nicht eine Geringschätzung seiner Person – mit Anton Benya und Heinz Kienzl verbunden ist. Wie war es denn an diesen berühmten Sonntagen, an denen jeweils die Realignments vorgenommen worden sind? Ich möchte sagen, letztlich haben sich die Unternehmerorganisationen mit augenzwinkerndem Protest an Hannes Androsch gewandt, bis dann Stefan Koren ein kluges Wort gesprochen hat. „Wenn das nächste Realignment kommt, schicken Sie mir ein Fernschreiben. Sie haben Ihre Pflicht als Unternehmervertreter getan und ich tue meine, indem ich das Fernschreiben ablege. Somit bleiben wir Freunde." So löst man eben heikle Probleme in Österreich!

Für mich ein Höhepunkt in dieser menschlichen Beziehung war die Initiative von Hannes Androsch, die große Staatsvertragsausstellung 2005 auf die Beine zu stellen. Da muss etwas geschehen, sagte sich Hannes Androsch, da die Bundesregierung den Plan einer Ausstellung nicht realisieren wollte. Am 22. Dezember 2003 waren wir, Dr. Androsch, Prof. Peter Weiser und ich bei Bundeskanzler Schüssel und haben dieses Anliegen einer privaten Initiative vertreten. Daraus ist eine grandiose Sache geworden. Der Citoyen Hannes Androsch hat hier wieder einmal bewiesen, was es heißt, in einer staatspolitisch wichtigen Situation initiativ zu werden.

Lassen Sie mich zum Menschen Hannes Androsch zwei kleine Beobachtungen skizzieren, die mehr sagen als große Gesten. Die eine: An einem Abend war er Gast am Schwarzenbergplatz. Er sah den am Gang diensttuenden Bürogehilfen, dessen Stimmung offensichtlich verdüstert war. Auf die Frage „Was fehlt Ihnen?" antwortete dieser: „Meine Frau ist krank." Androsch sprach ein paar Worte aufrichtigen Zuspruchs. Der Zufall wollte es, dass Hannes Androsch nach ein paar Wochen wieder am Schwarzenbergplatz erschien und neuerlich dem Mann begegnete. Seine erste Frage: „Wie geht es Ihrer Frau?" Der besagte Bürogehilfe konnte sich vor Staunen kaum fassen, er bemerkte nur immer wieder: „Den wähle ich von nun an immer."

Die zweite Beobachtung: Wenn man als braver Kunde der Creditanstalt in der Früh kurz vor 8 Uhr in der Schottengasse im Vestibül wartete, um ab 8 Uhr sein Geld zu beheben, konnte man beobachten, was ein Menschenkenner – ich möchte sagen, ein Menschenverführer im guten Sinn – vermag. Nach Verlassen seines Wagens ging er langsam durch die Reihen der zum Dienst einströmenden Damen und Herren, sagte hier ein Wort und dort ein Wort, verteilte auch Streicheleinheiten „Gut habts ihr's gemacht, Madln" oder „Wie geht es Ihnen? Wenn Sie etwas brauchen, kommen Sie zu mir." Das war gelebte Politik, wie sie sein soll.

Ich hätte einen persönlichen Wunsch an Hannes Androsch. Mir geht es nämlich darum, wie sich eine moderne Sozialdemokratie für das 21. Jahrhundert definiert. Da wünsche ich mir eine Doppelconférence Hannes Androsch – Helmut Schmidt. Das könnte ein großer Wurf sein in einer Zeit, in der selbst ein Gralshüter des Neoliberalismus, nämlich Herr Ackermann von der Deutschen Bank, davon spricht, dass die unsichtbare Hand des Marktes versagt habe.

Prof. Nowotny hat schon erwähnt, dass es im Angelsächsischen zwei Typen von Persönlichkeiten gibt: den „thinker" und den „doer". In Hannes Androsch sind beide Typen eine glückhafte Symbiose eingegangen, zu dem, was man heutzutage „leadership" nennt. Wenn ich noch einen persönlichen Wunsch anbringen darf: Man sollte endlich einmal das Wort „Führung" ohne schlimme Assoziationen mit „A. H." aus Braunau gebrauchen können.

Die Frau Präsidentin des Nationalrates hat in ihrem TV-Beitrag auf das große Kapital hingewiesen, das die Republik in Hannes Androsch hätte. Meiner Ansicht nach verzichtet dieser Staat auf die Nutzung dieses Kapitals. Aber vielleicht gilt hier das traditionelle österreichische Wort „Mir ham's ja". Was die Stimmung für Hannes Androsch betrifft, so rate ich allen, mit den besten Meinungsforschern von Wien, nämlich den Taxichauffeuren, zu reden. Wenn Sie bei den älteren den Namen Androsch erwähnen, geht ein Leuchten über ihre Züge und sie sagen: „Das wäre einer, dem verzeihen wir alles, der ist nämlich ein Bursch."

Akademisch vornehmer ausgedrückt hat das ein Wissenschafter, der in einem Begleitbrief zu einer Studie an Hannes Androsch geschrieben hat: „Ich danke Ihnen für Ihre politische Arbeit, die meiner Generation – ich bin Jahrgang 52 – ermöglichte, als junger Mensch in einem vergleichsweise wirklich goldenen Zeitalter zu leben, beruflich Fuß fassen zu können und eine Familie zu gründen."

Als abergläubischer Mensch gratuliere ich nicht vor dem Geburtstag, das sei dem 18. April vorbehalten. Was könnte man also zum Abschluss einer solchen Würdigung sagen? Da ist mir ein Wort von Roger Garaudy eingefallen, der ist zwar ein ideologisch windiger Hund, aber ein bedeutender französischer Intellektueller. Vor vielen Jahren meinte er einmal: „Der moderne Mensch braucht zweierlei – Mathematik und Poesie. Mathematik als Verkörperung des rationalen Prinzips, Poesie als Verkörperung der emotionalen Komponente."

Hannes Androsch hat im Umfeld des 70. Geburtstages natürlich auch Reflexionen über das Alter angestellt. „De senectute" von Cicero ist in den letzten Tagen oft zitiert worden. Ich habe mir gedacht, versuch es einmal mit einem Gedicht über das Alter. Es stammt von jemand, der mir besonders ans Herz gewachsen ist, nämlich Theodor Fontane. Ich bitte Sie vor allem, die letzten vier Zeilen zu beachten.

Herbert Kaufmann, Hannes Androsch und Herbert Krejci – der moderne Mensch braucht zweierlei: Mathematik und Poesie

Mein Herze, glaubt's, ist nicht erkaltet,
Es glüht in ihm so heiß wie je,
Und was ihr drin für Winter haltet,
Ist Schein nur, ist gemalter Schnee.

Doch, was in alter Lieb' ich fühle,
Verschließ ich jetzt in tiefstem Sinn,
Und trag's nicht fürder ins Gewühle
Der ewig kalten Menschen hin.

Und jetzt kommt's:

Ich bin wie Wein, der ausgegoren:
Er schäumt nicht länger hin und her,
Doch was nach außen er verloren,
Hat er an innrem Feuer mehr.

Günther Steinbach

»Von der Machbarkeit der Wirklichkeit«

Für mich hat alles an einem Septembersamstag auf dem Westbahnhof begonnen. Ich war damals auf dem Weg zum sogenannten Bundestreffen des BSA in Gmunden, zu dem mich der Verband Sozialistischer Studenten, dessen Obmann ich damals war, zusammen mit Franzi Bauer, zu der Zeit unser Verbandssekretär, delegiert hatte. Franzi Bauer hatte mich gefragt, ob wir nicht noch ein Verbandsmitglied, einen jungen Studenten der WU, die damals noch Hochschule für Welthandel hieß, mitnehmen könnten, und mir war das recht gewesen. Und so stand an jenem strahlenden Herbstmorgen dieser Student auf dem Bahnsteig und fuhr mit uns zum Bundestreffen.

Der Student war Hannes Androsch.

Das war 1958, und so habe ich zu all den Gedenktagen dieses Jahres auch noch ein persönliches Jubiläum. Heuer sind es 50 Jahre, seit ich Hannes Androsch kennengelernt habe.

Hannes Androsch ist einer aus der Generation der 30er – der in den 30er Jahren des 20. Jahrhunderts Geborenen. Alle reden von der Aufbaugeneration und den 68ern. Der 70. Geburtstag von Hannes Androsch soll ein Anlass sein, einmal etwas zur Generation dazwischen zu sagen. Auch weil Hannes Androsch ein recht typisches Exemplar dieser 30er ist.

Deren erste Erfahrungen, als Kinder je nach Jahrgang mehr oder weniger bewusst aufgenommen, waren Krieg, Zerstörung und Entbehrung, und danach wuchsen sie hinein in die Trümmer einer von der schlimmsten Katastrophe der Menschheitsgeschichte gezeichneten Welt. Aber dann erlebten sie, wie sich ihre Eltern daran machten, der trostlosen Wirklichkeit eine neue Realität abzutrotzen, zuerst für die unmittelbaren Lebensbedürfnisse zu sorgen und, sobald die gesichert waren, einen Hauch von Wohlstand – so bescheiden er auch war, dennoch unvorstellbar noch wenige Jahre zuvor – in ihr Leben zu bringen. Und bald packten die 30er kräftig mit an.

Die 30er sind eine nüchterne, pragmatische Generation. Den Erfolg der Aufbauarbeit vor Augen und mit der Erinnerung an Diktatur, Krieg und Zerstörung in den Köpfen sind sie skeptisch gegen alle Ideologien. Sie haben erlebt, dass Ideologien mit Pathos und verführerisch einfachen Lösungen grandiose Panoramen einer besseren Welt malen, aber wenig helfen, wenn es um die Vorsorge für die konkreten Lebensbedürfnisse geht – und dafür immer wieder gut sind, um ihrer Visionen willen Schrecken und Leid über die Menschen zu bringen.

Und etwas hat die Generation 30 aus der Anschauung von unmittelbarer Vergangenheit und Gegenwart verstanden: Diktaturen, unter welchem Namen immer, bedeuten Gewalt, Krieg, Katastrophen. Deshalb ist für sie die Freiheit ein unverzichtbares Gut.

Viele von ihnen haben auch die Partei gefunden, die ihrer Sicht der Dinge entsprach. Es war die Sozialistische Partei. Denn für die, die sich so entschieden, bot die SPÖ damals, was ihnen wichtig war. Die verstaatlichte Industrie – ein von der SPÖ geführtes Projekt – war Flaggschiff und Symbol des Aufbaus. Und auch was das Eintreten für die Freiheit betrifft, war für viele aus dieser Generation die SPÖ die richtige

Günther Steinbach

Geboren 1934 in Wien. Jus-Studium und Karriere im Sozialministerium. Sein umfangreiches Wissen präsentiert er seit Jahren erfolgreich auf seinen Vortragsreisen.
» Autor historischer Bücher. Zuletzt erschienen bei Ueberreuter: „Schicksalstage Europas. 10 Ereignisse, die den Kontinent prägten" und „Europas unruhiges Herz. Die 10 wichtigsten Stationen der deutschen Geschichte".

Günther Steinbach – die Freiheit ist ein unverzichtbares Gut

Adresse. Die traditionelle freiheitliche Formation, der Liberalismus, war in Österreich stets deutschliberal gewesen. Und dieser Deutschliberalismus war heillos kompromittiert und für die 30er inakzeptabel, weil er sich vom Nationalsozialismus hatte vereinnahmen lassen. Die SPÖ hatte das Erbe des Liberalismus übernommen. Sie war die Partei, die für die Freiheit ohne Wenn und Aber stand.

Das war in den 40er und 50er Jahren keine müßige, theoretische Frage, sondern eine Haltung, die täglich Gelegenheit hatte sich zu beweisen. Nachdem ein schreckliches Gewaltregime eben erst unter Hinterlassung der größten Katastrophe und der größten Verbrechen mühsam genug bezwungen worden war, stand bis 1955 ein anderes als Besatzungsmacht im Land und danach immer noch an den Grenzen, keine 60 Kilometer von Wien.

Und diese Sozialistische Partei bot den in den 50er Jahren ins Erwachsenenleben Tretenden auch die Symbolfiguren für alles das: Karl Waldbrunner, der mit der verstaatlichten Industrie für den Aufbau stand, Oskar Helmer, den kompromisslosen Kämpfer für die Freiheit und gegen den Kommunismus, und den pragmatischen Humanisten Adolf Schärf, der den neuen, auf die soziale Verantwortung ausgerichteten Liberalismus verkörperte. Sie haben es verdient, dass man ihrer von Zeit zu Zeit in Dankbarkeit und Respekt gedenkt.

Der Weg des Hannes Androsch sollte in ihre Nachfolge führen.

Nach dem gemeinsamen Wochenende in Gmunden habe ich ihn gefragt, ob er nicht Lust hätte, im VSStÖ und vielleicht auch in der Hochschülerschaft eine Funktion zu übernehmen.

Aber zunächst wollte er nicht. Er müsse schauen, dass er rasch mit seinem Studium fertig würde, weil ihn sein Vater in der Steuerberatungskanzlei brauche, sagte er mir damals als Begründung, und war, weil

Hannes Androsch – wenn's auch kurz ist, soll's wenigstens ein Spaß gewesen sein, wenn's länger werden sollte, dann erst recht

ich nicht lockerließ, schließlich zu einem Kompromiss bereit: Eine kleine Funktion in der Fachgruppe der Welthändler, die sein Studium nicht behindere, könne er sich vorstellen. Und das war es dann zunächst auch.

Aber Hannes Androsch ist eben ein politischer Mensch, und sobald im Studium der Diplomkaufmann abzusehen war – für das Doktoratsstudium konnte er sich mehr Zeit lassen –, war es für uns ein Leichtes, ihn zu mehr Engagement in der Studentenpolitik zu überreden. Er hat dann beides gemacht: die Arbeit in der väterlichen Steuerberatungskanzlei und Politik im VSStÖ. Ab 1960 wurde Hannes Androsch zum Studentenpolitiker der obersten Kategorie, zunächst als Wiener Obmann des Verbandes Sozialistischer Studenten und von 1961 bis 1963 als Verbandsobmann.

Der VSStÖ war für Hannes Androsch das Entree in die große Politik. Dort hat er gelernt und praktiziert, was sein Markenzeichen geblieben ist bis heute: Skepsis gegen das Pathos wohlklingender Phrasen, stattdessen Orientierung an den Realitäten und dem Machbaren. Und noch etwas gehört seit damals zum Stil des Hannes Androsch: Loyalität im Team. Sie ist es, die aus Mitstreitern in der Jugend Freunde fürs Leben werden hat lassen.

Die Talente des Hannes Androsch sind nicht lange unbemerkt geblieben. Karl Waldbrunner, Felix Slavik und bald darauf auch Bruno Kreisky haben ihn endgültig in die Politik geholt, zuerst als Sekretär des Sozialistischen Parlamentsklubs, 1967 als Abgeordneten und 1970 als ersten sozialdemokratischen Finanzminister der Republik. Dass er mit seinen 32 Jahren jünger war als alle seine Amtsvorgänger, war nicht das einzig Ungewöhnliche an der damaligen Situation. „Wenn's schon kurz ist, soll's wenigstens ein Spaß gewesen sein", sagte er deshalb zum Amtsantritt. Da hatte er einmal nicht recht. Hannes Androsch blieb fast elf Jahre und wurde damit zum längstdienenden österreichischen Finanzminister aller Zeiten. Und diese elf Jahre hatten es in sich.

An der Wende von den 60er zu den 70er Jahren war der Wiederaufbau abgeschlossen, Nationalsozialismus, Krieg und Nachkriegszeit verschwanden langsam hinter dem Horizont der Geschichte. Der Kalte Krieg mit seinen Konfrontationen, Gefahren und Ängsten war vorbei, seine Protagonisten hatten mit dem Gleichgewicht des Schreckens umzugehen gelernt und sich in der Koexistenz einer zwischen Ost und West geteilten Welt eingerichtet. Zu Hause hatte sich ein bescheidener Wohlstand ausgebreitet. Und, auch das gehört zum Bild der 50er und 60er Jahre: ein geistiges Milieu, das durch die Konzentration auf Wiederaufbau und Ausbruch aus der Entbehrungsgesellschaft der Vergangenheit in einem kleinbürgerlichen und sterilen Konservativismus – und das nicht nur im politischen Sinn – erstarrt war.

Die Zeit war reif für Neues. Das war die Chance für ein Projekt, das aus Österreich ein anderes Land machen wollte, ein Land der Liberalität, ein Land, das aufschließt zur wirtschaftlichen und gesellschaftlichen Spitzengruppe in Europa. Es war ein Projekt für eine neue Wirklichkeit in Österreich, das lange genug ein Fußmaroder der gesellschaftlichen und wirtschaftlichen Entwicklung gewesen ist.

Für dieses Projekt stand – neben allen anderen, die an seiner Umsetzung mitgeholfen haben – vor allem ein Name: Bruno Kreisky. Und ein zweiter: Hannes Androsch. Für die Verbindung zur humanistischen Tradition der Sozialdemokratie stand der Ältere, für die rechte Sicht auf die Zukunft mit ihren wirtschaftlichen Erfordernissen der Jüngere, für den sozialen Liberalismus einer offenen Gesellschaft beide. Die beiden waren, solange sie beisammen blieben, ein erfolgreiches Gespann. Und dieses Gespann hat Österreich in einem mirakulösen Jahrzehnt grundlegend verändert.

Diese Modernisierung hat keinen gesellschaftlichen Bereich ausgelassen. Die Wirtschaftspolitik der Kreisky-Androsch-Ära hat Ewald Nowotny schon gebührend gewürdigt. Daneben haben Reformen im sozialen, im Hochschul- und im Justizbereich, da vor allem im Strafrecht, die Gesellschaft offener, toleranter und freier gemacht, und ein neuer politischer Stil hat das Gesicht Österreichs verändert. Symbolisches gehört ebenso wie Handfestes zum Repertoire dieser Veränderungen. Minister, die sich nicht mehr benehmen wie chinesische Mandarine, prägen das Bild und das Bewusstsein einer Gesellschaft genauso wie die Abkehr von einer kleinkarierten, ausschließlich auf das Parteiprinzip ausgerichteten Praxis, wenn man bei der Entscheidung über Kandidaten für öffentliche Ämter oder bei der Auswahl von Partnern in der Regierungsarbeit nicht mehr auf den weltanschaulichen Hintergrund oder das Parteibuch schaut.

Die Zivilgesellschaft, die damals etabliert worden ist, hat sich als unumkehrbar erwiesen und ist heute eine Selbstverständlichkeit, die allenfalls noch von Splittergruppen am Rand der Gesellschaft in Frage gestellt wird. Die 70er Jahre haben die Machbarkeit der Wirklichkeit erwiesen, und Hannes Androsch, ab 1976 auch Vizekanzler, stand ganz vorne, als diese Wirklichkeit gemacht wurde.

Das von der Machbarkeit der Wirklichkeit gilt auch noch in einem anderen Sinn. Die 70er Jahre waren sehr bald keine Schönwetterjahre mehr. Fast dreißig Jahre lang hat sich die Erste Welt dem Glauben hingegeben, wir – jedenfalls wir außerhalb der dem Kommunismus überlassenen Welthälfte – haben es geschafft, wir haben den Dreh heraußen: Von jetzt an kann es nur mehr aufwärtsgehen. Es war nicht das erste und auch nicht das letzte Mal, dass die Zeitgenossen an so etwas wie das Ende der Geschichte geglaubt haben. Die Kassandrarufe des Club of Rome, der 1972 auf die Grenzen des Wachstums aufmerksam machte, konnte man noch ignorieren. Aber mit der vom Ölschock des Jahres 1974 ausgelösten Wirtschaftskrise war es für alle sichtbar vorbei mit der Illusion des für alle Zeiten als Selbstläufer verbrieften Fortschritts. Von da an war wieder klar, dass die Lösung gesellschaftlicher Probleme nicht ein Geschenk des Himmels ist, sondern das Ergebnis einer Politik, die sich der Dinge mit Mut und Sachverstand annimmt. Und eben das war die Maxime des Handelns dieser Regierung, auch im Krisenmanagement. Die Resistenz der österreichischen Wirtschaft gegenüber den nachfolgenden Krisenerscheinungen der Weltwirtschaft – messbar an der zum Unterschied von allen anderen Industrieländern bis weit in die 80er Jahre weiterhin konkurrenzlos niedrigen Arbeitslosenrate – geht auf die wirtschaftspolitischen Weichenstellungen zurück, für die Hannes Androsch damals verantwortlich war. Wie hätte Österreich ausgesehen, hätte es 1975/76 oder 1979/80 die Wirtschaftskrise so auf den Arbeitsmarkt

Hannes Androsch und Herbert Cordt – die Zufriedenheit mit der Zwischenbilanz

durchschlagen oder sich in den Abwertungstanz mit hineinreißen lassen, wie das die meisten westlichen Industrieländer getan haben.

Wenn Hannes Androsch an seinem 70. Geburtstag Zwischenbilanz zieht, kann er also zufrieden sein.

Gewiss, die äußeren Umstände haben ihm geholfen. Zu den Jahren der Vernunft gekommen im sich langsam entfaltenden österreichischen Wirtschaftswunder hat seine Generation mehr Chancen gehabt als alle Österreicher zu anderen Zeiten. Sie ist deshalb die glücklichste Generation, die bisher in Österreich gelebt hat (und es wird eine Menge Intelligenz und einiges an Anstrengung kosten, dass sie nicht auf absehbare Zeit die glücklichste bleibt). Das sind die äußeren, persönlich nicht gestaltbaren gesellschaftlich-politischen Rahmenbedingungen.

Was diesen Hannes Androsch aber auszeichnet: Er hat aus diesen Rahmenbedingungen mehr gemacht als die meisten seiner Altersgenossen; und das in siebzig Jahren gleich zweimal.

In den 70er Jahren war er, wie eben gesagt, einer von den Politikern, denen Österreich seine Modernisierung verdankt. Denn das war ja nicht zuletzt eine wirtschaftliche Modernisierung, die es ohne Hannes Androsch als verantwortlichen Wirtschaftspolitiker so nicht gegeben hätte.

In den 80er und 90er Jahren hat dieser Hannes Androsch dann als Unternehmer vorgeführt, was in Österreich an wirtschaftlichem Erfolg möglich ist, und damit nebenbei etwas zur Ehrenrettung der Politiker getan: An seinem Beispiel hat sich gezeigt, dass nicht alle, die Politik machen, es deshalb tun, weil sie für nichts anderes taugen. Und dass nicht alle Politiker, die sich in der Wirtschaft versuchen, in der Riemergasse, oder was immer die Adresse des für ihre Insolvenz zuständigen Gerichtes sein mag, enden.

Als Politiker wie als Unternehmer hat Hannes Androsch nie in die üblichen Schablonen gepasst. Ein Mitglied der SPÖ, das anständige Kleidung nicht für ein bürgerliches Vorurteil und Wohlstand nicht für Klassenverrat hält – der berühmte „Leider Nein"-Sager ist zum geflügelten Wort geworden –, ein sozialdemokratischer Wirtschaftspolitiker, der Hartwährungspolitik, Steuerreform und Liberalisierung betreibt, war für manche in den 70er Jahren ein ebensolches Ärgernis wie ein Unternehmer in den 90ern, der das soziale

Netz als ein kostbares Gut ansieht. So wird man in traditionalistischen Kreisen der Linken zum „Rechten" und in der Welt eines von der Kommunismusangst befreiten Unternehmertums zum Sozialromantiker.

Hannes Androsch ist weder das eine noch das andere. Er hat nur nie etwas gehalten von den realitätsfernen Abstraktionen eindimensionaler Denker und den Ersatzreligionen missionarischer Eiferer. Er ist zu allen Zeiten der Sozialdemokrat geblieben, als der er begonnen hat, wenn man unter sozialdemokratisch versteht, die Realitäten – nicht zuletzt die der menschlichen Natur und der ökonomischen Gesetze – anzuerkennen, aber sie nicht einfach walten zu lassen, sondern zur Beeinflussung der Lebensumwelt für lebenswerte und menschenwürdige Verhältnisse zu nützen. So ist er sich selber immer treu geblieben als Mensch, der von sich und anderen Leistung und Bewährung verlangt, ohne auf die Verantwortung zu vergessen, die wir füreinander tragen. Mancher, der Hannes Androsch seinerzeit als „Rechten" denunziert hat, hat ihn in Denken, Handeln und Lebenspraxis längst rechts überholt.

Vielleicht ist der Schlüssel zu Haltung und Erfolg des Hannes Androsch auch in der Familie zu suchen, aus der er kommt: einer sozialdemokratischen Familie, in bescheidenen Anfängen positioniert zwischen Proletariat und Bürgertum und in enger Verbindung mit dem bäuerlichen Umfeld des Wiener Stadtrandes, die den Aufstieg geschafft hat und dabei den verschiedenen Gruppen unserer Gesellschaft verbunden geblieben ist. Da begreift man leichter, was die Menschen in ihren unterschiedlichen Lebensumständen bewegt, worauf es wirklich ankommt und wie wenig realitätsferne Abstraktionen von Theoretikern weiterhelfen, die sich die Welt nur im Schachteldenken simpler Kategorisierungen vorstellen können. Und dann wird sie besonders plastisch, die Persönlichkeit des Hannes Androsch, sein weltanschaulicher, ökonomischer und lebenspraktischer Standort und die Erfolgsstory seines Lebens.

Die 70 Jahre des Hannes Androsch sind ein Leben in gesellschaftlicher Verantwortung. Am Anfang stand die Politik, dann die Wirtschaft. Heute – Triumph der

Karl Lausecker, Hannes Androsch – am Anfang stand die Politik

Beppo Mauhart, Hannes Androsch und Karl Blecha – der Pensionistenverband als Nachwuchsreservoir

Dialektik – ist Hannes Androsch beides: ein erfolgreicher Wirtschaftskapitän und eine gewichtige Stimme, die gehört wird in Gesellschaft und Politik. Er ist ein Österreicher im besten Sinn, und wenn sich die Österreicher ihn als Vorbild nähmen, sie täten damit sich selbst und unserem Land nur einen Gefallen.

Ein Geburtstag ist ein Anlass für Wünsche, in diesem Fall Wünsche für und an Hannes Androsch. Und so möchte ich mit den Wünschen seiner Freunde schließen. Sie wünschen:

» ihm selbst wie bisher Freude am und Erfolg im Leben,

» für sich auch in Zukunft seine Freundschaft

» und Österreich weiterhin sein wirtschaftliches Engagement und seine Stimme als Beitrag zur Orientierung in turbulenten Zeiten.

»Das Fest«

18. April 2008

»Mumy, es ist schön, dass du bei uns bist, auch wenn du dir letzten Sonntag die Rippe gebrochen hast. Aber du hast Wort gehalten. Handschlagqualität gehört eben zur Familientradition. Außerdem, hart im Nehmen warst du immer – auch jetzt, mit stolzen 96. Wahrscheinlich hab ich ein bisschen was davon auf meinem Lebensweg mitbekommen.«

Margit und Heinz Fischer – die offene Herzlichkeit der Begrüßung

»Hannes Androsch, behaupten seine engsten Freunde, war schon als Kind nicht sehr jung. Das mag erklären, dass sein 70. Geburtstag, seit dem 18. April 1938 erwartet, nun doch plötzlich über uns hereinbrach. Just in diesem mit schlimmen Erinnerungen überfrachteten Gedenkjahr 2008. Ein Schicksal, das er z. B. mit Heinz Fischer, Juan Carlos I. und Claudia Cardinale teilt.«

(aus: Hannes Androsch – Ein Bilderbuch)

Brigitte und Hannes Androsch, Barbara Prammer
Werner Faymann
Hans Niessl

Dagmar Koller und Helmut Zilk
Michael Häupl
Karl und Rosi Blecha

Hannes Androsch mit den Enkelkindern Maximilian, Niklas und Clemens – im zweiten Bildungsweg zum Fußballexperten

Natascha Sommerer-Androsch mit Clemens – Mutterstolz

Die Innigkeit der Geschwisterliebe – Sonja Schneider und Hannes Androsch

Sohnes- und Vaterliebe – Gregor und Hannes Androsch

»Die späte Vaterschaft gibt mir Gelegenheit, das Aufwachsen meines Sohnes bewusst mitzuerleben. Gregor ist für mich ein Geschenk und eine Verpflichtung, alt zu werden und gesund zu bleiben.«

Willibald und Ingeborg Pahr
Fritz und Eva Hofmann
Rudolf und Jutta Edlinger

Sepp Wille
Karl Steinocher, Georg Weiland
Alfred Ströer

Josef Taus
Walter Fremuth

Rudolf Streicher
Günther Granser

Luzia und Georg Riedl
Gerhard Pichler

Christine und Harald Stossier
Julian Mauhart
Inge Mauhart

Brigitte und Hannes Androsch mit Ludwig Scharinger

Hannes Androsch und Birgit Murr

Brigitte und Hannes Androsch mit Schwiegersohn Stefan Maix und Tochter Claudia Androsch-Maix

Hannes Androsch und Herta Thomanek

Hannes Androsch und Anna Liselotte Peter

Patricia und Franz Fischerlehner
Anni Tragl und Manfred Buchacher

Franz und Anni Weich
Josef „Pepi" Söltz-Szöts
Heinz Pekarek

Siegfried und Ingrid Sauer
Werner Du Rieux
Rainer Wimmer und Barbara Prammer

Karin und Karl Scheufele
Michael Häupl und Eva-Maria Stackl
Renate Platzer

Hannes Androsch mit Alfred Hrdlicka

Gabi und Karl Just
Harald Sommerer
Martin Kirchmayr und Daniela Russ

Monika und Heinz Tragl
Alois Grill und Karin Huber
Dietmar und Gerti Tadler

Fritz und Rosa Dulnig
Martina Dobringer und Herbert Cordt
Margarete Freisinger

Thomas Marsoner und Ottokarl Finsterwalder
Rudolf Bohmann

Fini Steindling, Werner Faymann

Willi Dörflinger

Peter und Friedrun Huemer
Friedrun Huemer, Herber Lackner
Hans Dibold

Norbert Teufelberger, Manfred Bodner
Edith und Claus Raidl

Hannes Androsch

»Seid mir alle herzlich willkommen«

Hochgeschätzter Herr Bundespräsident, lieber Heinz, liebe Margit, und damit möchte ich – alle anderen werden mir das verzeihen – den protokollarischen Teil meiner Begrüßung auch schon beendet haben.

Liebe Familie, liebe Freunde, liebe Weggefährten, aber auch Mitstreiter und Gegenstreiter, ich bedanke mich bei Ihnen allen, dass Sie dieser Einladung gefolgt sind und mit uns – mit mir – diesen Abend verbringen werden.

Entweder war es der 90. oder mein 65. Geburtstag, wo ich gesagt habe: „Mumy, du versprichst mir eines: Du bist bei meinem Siebziger mit dabei." Du hast Wort gehalten. Handschlagqualität gehört eben zur Familientradition. Mumy, es ist schön, dass du bei uns bist, auch wenn du dir letzten Sonntag so ganz nebenbei die Rippe gebrochen und den Ellenbogen verletzt hast, aber hart im Nehmen warst du immer. Wahrscheinlich hab ich ein bisschen was davon auf den Weg und auf meine Lebensreise mitbekommen. Es ist ein Abend unter Freunden, Weggefährten, Mit- und Gegenstreitern. Ihnen allen danke ich bei dieser Gelegenheit und aus diesem Anlass für Förderung, für Unterstützung, für Wegbegleitung, für Verständnis, für eine ganze Fülle von Unterstützungen, ohne die man – bei allem Selbstvertrauen – allein, als Lonely Wolf, ja gar nichts bewerkstelligen kann. Alles andere wäre doch wahrlich eine Illusion. Ihr alle zusammen habt mir eine erfüllte Lebensreise möglich gemacht, im überwiegenden Teil unter glücklichen und günstigen Umständen von Frieden, Freiheit, Sicherheit, Wohlstand, Wohlfahrt, Lebensqualität – wie es unsere Eltern-, unsere Großeltern-, geschweige denn frühere Generationen, sicherlich nicht erleben konnten.

Karl Schwarzenberg und Werner Faymann

Ich möchte doch ganz besonders meine Mutter hervorheben und mich bedanken bei Brigitte, bei meinen Töchtern Claudia und Natascha, inzwischen auch bei Claudia und Gregor und bei meiner Schwester Sonja. Sicherlich war es mit mir nicht immer ganz leicht oder manches Mal sogar äußerst schwierig.

Doch im Rückblick ist mir durchaus bewusst, dass ich auf meiner Lebensreise sicherlich auch Fehler gemacht, manche gekränkt oder verhärmt oder schlecht behandelt habe – es war nie aus böser Absicht. So möchte ich heute Anlass und Gelegenheit nutzen, allen zu sagen, dass ich das bedaure und hoffe, dass mir jede Kränkung, jede Verletzung verziehen wurde. Jedenfalls möchte ich mich dafür gerne entschuldigen.

Ich verhehle nicht, dass es mich besonders freut, dass mein Gegenstreiter, Josef Taus, mit seiner Gattin da ist. Wir haben über viele Jahre und Jahrzehnte die Klingen gekreuzt, aber inzwischen eine gute

Bundespräsident Heinz Fischer – for the people, by the people

Beziehung aufbauen können. Es freut mich auch, dass die Witwe von Friedrich Peter unter uns ist, weil ihr Gatte nicht nur mein politischer Widerpart, dann Partner und im Laufe der Entwicklung auch ein Freund geworden ist. Erlauben Sie mir aber, einen Freund besonders hervorzuheben: den Bezirksobmann der SPÖ Floridsdorf, Fritz Hofmann. Ohne dessen Förderung und Unterstützung wäre mein Lebensweg mit größter Wahrscheinlichkeit anders verlaufen – mit all seinen Höhen und Tiefen, aber auch der Faszination der unterschiedlichen Herausforderungen. Also, Fritz, dir ein ganz besonderer Dank aus diesem Anlass und bei dieser Gelegenheit.

Ich möchte es aber nicht verabsäumen, zwei Geburtstagskindern, die kurz vor dem heutigen Abend Grund zu feiern hatten, zu gratulieren. Frau Dr. Martha Kyrle, die gestern Geburtstag hatte. Martha, herzlichen Glückwunsch mit einigen Stunden Verzögerung. Und vor zwei Tagen ein Weggefährte, ein Mitstreiter, ein Gegenstreiter in der Jugendorganisation: Karl Blecha, der gestern, nein vorgestern seinen 75. hatte und gestern gefeiert hat. Herzlichen Glückwunsch!

Ich danke euch allen noch einmal fürs Kommen und wünsche uns allen einen anregenden, vielleicht auch besinnlichen Abend. Meine Freunde von den Wiener Philharmonikern werden uns musikalisch begleiten, einmal mehr – das erste Mal war es in den Tuilerien in Paris – und ich darf mich ganz herzlich bedanken, dass sie dazu bereit waren und neuerlich sind.

Beim Heraufgehen über die Feststiege des Palais Liechtenstein habe ich den Bundespräsidenten, habe ich Heinz Fischer mit der Bitte überfallen, eventuell nach meiner Begrüßungsrede, noch bevor Beppo Mauhart mit seiner Moderation beginnt, ein paar passende Worte an die Gäste des Abends zu richten. Ich erinnerte daran, dass mit einer ähnlichen Einladung Präsident Lincoln gebeten wurde, als es nach dem Amerikanischen Bürgerkrieg der Gefallenen zu gedenken galt, ebenfalls ein paar passende Worte zu sagen, und er hat nichts anderes und nichts weniger als die kurze Rede gehalten, die die „Gettysburg Address" wurde, und das ist eine der großen Reden der Weltgeschichte: „Government of the people, for the people, by the people!" Lieber Heinz, darf ich dich um die Gettysburg Address bitten!

Hella Pick, Willibald Pahr, Martha Kyrle, Peter Jankowitsch (v. l. n. r.)

Uta Santos-Santiago, Alexander Russ, Claudia Androsch-Maix, Stefan Maix (v. l. n. r.)

Heinz Fischer

»Beim Heraufgehen«

Lieber Hannes, liebe Frau Lia Androsch, liebe Brigitte! Meine hochgeschätzten Damen und Herren!

Dass Hannes mich beim Heraufgehen – wie er soeben wahrheitsgemäß erzählt hat – überraschend eingeladen hat, ein paar Worte zu sagen, das ist ja in Ordnung.

Aber der Hinweis auf Präsident Lincoln, lieber Hannes, das ist nahezu unfair. Und nur weil du gerade eine so gedankenvolle und nachdenkliche Einleitung zu diesem heutigen Abend formuliert hast, werde ich dir das nicht nachtragen.

Als Geburtstagskind hattest du ja ohnehin einen Wunsch offen, aber der ist hiermit konsumiert.

Außerdem gebe ich zu, dass man – wenn man sich so lange kennt – ohnehin in Gefahr ist, dass man zu viel redet, dass einem der Mund übergeht, wenn das Herz mit so vielen Erinnerungen voll ist.

Meine Bremse ist der Herr Bürgermeister Häupl, der gestern beim Blecha-Geburtstag, als schon die Einleitung des Charly Blecha, der ja bekannt ist für seine „kurzen Reden", etwas länger geworden ist, gemeint hat: „Es ist eigentlich nicht der Sinn eines Geburtstagsfestes, dass man das Geburtstagskind an seinen eigenen Lebenslauf und an alle Details dieses Lebenslaufs erinnert."

Da hat er natürlich recht. Und trotzdem ist ein Geburtstag, und noch dazu ein 70. Geburtstag – so stelle ich mir das zumindest vor – ein Anlass, wo man mit ein paar Sätzen versucht, zu formulieren, dass dieses Geburtstagskind, unser heutiger Jubilar – angeblich hat man schon Goethe zu seinem 50. Geburtstag in Weimar mit einem Transparent begrüßt: „Ein dreifaches Hoch dem greisen Jubilar!" – eine eindrucksvolle Bilanz vorzuweisen hat und dass die Entwicklung des ganzen Landes, die Entwicklung der österreichischen Politik durch den Beitrag eines Menschen, der mit ganzer Kraft, mit vollem Einsatz und mit vollem Risiko gearbeitet hat, mitgeformt und mitgestaltet wurde; dass die Entwicklung ohne diesen Einsatz eine andere gewesen wäre. Und du Hannes, den ich schon 53 oder 54 Jahre kenne, weil wir eben damals als Gleichaltrige in der Sozialistischen Mittelschülerorganisation waren – ich in Hietzing und du links der Donau, nach der Devise „links der Donau waren die Rechten und rechts der Donau waren die Linken" –, du hast schon in der Zeit, wo wir in der Mittelschülerbewegung waren, und dann noch viel stärker während der Studienzeit, eine sehr klare Handschrift gehabt. Und die Brigitte – damals Brigitte Schärf – habe ich noch früher kennengelernt als dich, weil sie damals ebenfalls in Hietzing war. Du hast deine Standpunkte mit ziemlicher Härte, mit guten Argumenten und auch mit Konsequenz vertreten. Und ich weiß nicht, ob viele in diesem Raum wissen, dass wir einige Jahre Tür an Tür gearbeitet haben, als wir beide im Sekretariat der Sozialdemokratischen Parlamentsfraktion tätig waren, in den frühen sechziger Jahren. Ich habe unlängst Briefe von dir gefunden aus dieser Zeit, die du mir nach Harvard geschrieben hast – was in Wien los war. Und es war immer eine klare Linie – eine, mit der man nicht immer einverstanden sein musste, aber wo man gewusst hat, wie man dran ist. Dann deine Arbeit als jüngster Abgeordneter im Parlament, die mir natürlich imponiert hat, wo ich dich auch ein bisschen beneidet habe, weil du schon die politische Auseinandersetzung auf offener Bühne, auf der parlamentarischen Bühne, die wir beide hoch geschätzt haben, führen konntest. Dann deine Bestellung zum Finanzminister in der ersten Regierung von Bruno Kreisky und diese Faszination der siebziger Jahre, die uns bis heute beschäftigt und prägt und beeindruckt. Damals ist unser Land wirklich gestaltet worden. Damals sind große Schritte geplant und gesetzt worden. Auf eine ganz andere Art – aber sehr

Heinz Fischer und Hannes Androsch – die Gefahr, dass einem der Mund übergeht, wenn das Herz mit so vielen Erinnerungen voll ist

Lia „Mumy“ Androsch – der Stolz, der aus den Augen leuchtet

erfolgreich – und das konnten wir gestern zum Ausdruck bringen, hatte auch Karl Blecha seine Arbeit, seinen Beitrag dazu geleistet. Und ich habe immer geschätzt und habe es auch am vergangenen Wochenende wieder beobachtet, dass Hannes Androsch einen Blick für das Ganze hat. Es interessiert ihn, wie die großen Faktoren in der gesellschaftlichen, ökonomischen und politischen Entwicklung sich auswirken, was in den Waagschalen liegt, was zählt und was Gewicht hat und wie man das zu bewerten hat.

Er verliert sich nicht in Einzelheiten, in Details, sondern es sind die großen Linien, die ihn interessieren.

Wir werden jetzt einen Film sehen, den ich noch nicht sehen konnte. Ich bin sehr neugierig, ob er meine Einschätzung, diese Erfahrung, die ich mit Hannes Androsch gemacht habe, bestätigt. Ich würde es dem Film wünschen und ich würde es auch dir wünschen, Hannes, denn man kann nur interessiert sein zu seinem Geburtstag – und noch dazu zu einem solchen runden Geburtstag –, dass wahrhaftig berichtet wird und dass das beschrieben und geschildert ist, was einen Menschen wirklich ausmacht, und was wesentlich ist an einem Menschen.

Ich möchte dir zu deinem 70. Geburtstag in aller Form gratulieren, ganz bestimmt auch im Namen meiner Frau und wohl auch im Namen und mit Zustimmung aller hier Anwesenden. Ich tue es gerne in der Funktion, die ich heute wahrzunehmen habe – also als Bundespräsident, wobei du auch Beiträge geleistet hast, dass die Wahl geglückt ist –, aber ich tue es auch als Person, die dich seit Jahrzehnten kennt und deine Arbeit schätzt. Ich wünsche dir, dass du einen schönen Geburtstag hast, dass du gute Jahre vor dir hast, dass du gesund bleibst und dass das, was du dir vornimmst, verwirklicht werden kann. Alles Gute zum 70. Geburtstag!

Wenn das Staatsoberhaupt spricht, lauschen Mumy, Gattin Margit und Jubilar.

„Nummerngirl" Beppo Mauhart – der Quotenregelung zuliebe

»Wie werde ich Conférencier?«

Hochverehrter Herr Bundespräsident, liebe Mumy, liebe Brigitte, lieber Hannes, ich bin so glücklich, dass ich dich erstmals mit reinem Gewissen als „lieber Jubilar“ benennen darf, denn, meine sehr geehrten Damen und Herren, ich dilettiere in einer für mich ungeübten Rolle, das heißt, ich pfusche als Conférencier. Gleichzeitig bin ich auch Ihr Nummerngirl. Ich mache das mit Rücksicht auf den Jubilar. Ich möchte vermeiden, dass ihn morgen bereits der Vorwurf ereilt, die Quotenregelung nicht entsprechend gewürdigt zu haben.
Bei Hannes Androsch lernte ich, nie unvorbereitet öffentlich aufzutreten. Daher las ich bei Anton Kuh nach: „Wie werde ich Conférencier?“ Nach dem Studium von zehn Ratschlägen war ich verwirrter denn je und unsicherer denn je. „Mokante Lippen“, erfuhr ich, sind das erste Rüstzeug des Conférenciers, „der Saft der inneren Genugtuung muss ihm um die Lippen fließen“. Verlangt wird zwanglose Aufgeknöpftheit: „Wer überlegen ausschauen will, muss so zwanglos und aufgeknöpft sein, dass er wie ein Mensch gewordener Toilettefehler wirkt.“
Ich möchte gerne überlegen ausschauen, Toilettefehler (?) – kommt vielleicht darauf an. Ich kann dir, lieber Hannes, daher nicht garantieren, dass es mir gelingen wird, dich und deine Gäste mit solch professioneller Aufgeknöpftheit durch den Abend zu geleiten.
Ich hoffe, die meisten von Ihnen haben das ORF-Angebot von gestern genützt und sich intensiv auf den heutigen Abend vorbereitet, indem sie die Dokumentation von Helene Maimann für und über Hannes Androsch gesehen haben. Helene Maimann gelang eine Hommage an den jungen, frechen, erfolgreichen Hannes Androsch, der eben auch von Niederlagen nicht verschont blieb. Ein Film über eine starke Persönlichkeit und über eine zerstörte Hoffnung. Aber auch ein Dokument, wie Hannes Androsch aus eigener Kraft immer wieder die Irrtümer des Schicksals korrigiert hat. Die Kraft dazu schöpft er aus der Zuneigung seiner Familie und der Verlässlichkeit seiner Freunde. Ich hoffe, dass ich uns alle in diesem Sinn durch einen fröhlichen Abend dilettieren kann.

Ich gehe davon aus, manche unter Ihnen wissen, dass ich schon des Öfteren Laudator sein durfte. Eine schwierige Angelegenheit, selbst dann, wenn man dem weisen Grundsatz folgt, dass es nicht darauf ankommt, was man redet, sondern was man zu verschweigen scheint. Aber mein immer wieder versuchtes, redliches, unschuldiges Bemühen, nur Schmeichelhaftes über den jeweiligen Jubilar zu formulieren und mich im Verschweigen zu üben, kam oftmals nicht gut an. Heute, nach 30 Jahren Erfahrung im Feiern von Geburtstagen, besteht schon aus Gründen des Rollenwechsels erstmals die hohe Wahrscheinlichkeit, dass Beleidigungen nicht gelingen werden. Für Spannung ist trotzdem gesorgt: Wilhelm Schneider, der Laudator des heutigen Abends, und Hannes Androsch sind Floridsdorfer, sind Klassenkameraden, haben gemeinsam maturiert und darüber hinaus sind sie auch noch verschwägert. In der Maturazeitung mit dem selbstbewussten Titel „Die Frühreifen" und dem nicht minder selbstbewussten Untertitel „Organ der reifen Halbstarken Floridsdorfs" ist, ich zitiere, „ironisch und hart, aber unfair", die Sicht der Kollegen über ihre Mitschüler dokumentiert. Ich zitiere über Hannes Androsch: „Gerasdorfer Geck mit motorisierten Ambitionen. Schwer verheiratet ohne Rücksicht auf geografische Gegebenheiten, das Dirndl ist aus der Provinz, unterdurchschnittlicher Angeber und Tennisspieler, verhinderter Handballer, weil zu geschwind." Über Wilhelm Schneider: „Vulgo Wulli Autobus, ländlicher Don Juan, hat vor dem Balkon seiner Geliebten einen Hohlweg ausgetreten, obwohl sie sich selten zeigt. Zwangsplatoniker, sucht in der Tanzschule trotz Wahrscheinlichkeitsrechnung vergeblich Ersatz für seine verschiedenen Komplexe. Dorfphilosoph, mit Kant in den Tod. Kategorischer Augenblickssportler, von den Frauen tyrannisiert. Mutter weiblicher Boxchampion. Eignung als Nachrichtenzentrale." Ring frei für Wilhelm Schneider über Hannes Androsch ...

Wilhelm Schneider

»Mindestens einer muss ein Engel sein«

Auszug aus der Laudatio anlässlich des 70. Geburtstages von Hannes Androsch

Wilhelm Schneider – um den von mir geliebten Kant hast du einen großen Bogen gemacht

Liebe Mumy, liebe Familienmitglieder, Freunde, Weggefährten und „Gegenstreiter" (den Jubilar zitierend), sehr verehrte Damen, sehr geehrte Herren!

Lieber Hannes, ich beginne zu der Zeit, in der wir uns kennengelernt haben, in der unsere Freundschaft entstanden ist: unsere gemeinsam verbrachte Mittelschulzeit. Zunächst wende ich mich gegen die öfters gehörte Legende – an deren Entstehung du selbst vermutlich unschuldig bist –, du seist ein schlechter Schüler gewesen. In Geografie, Geschichte, Literaturgeschichte, Philosophie warst du im Vergleich zum ganzen Rest der Klasse wohl am meisten interessiert und dementsprechend gut. (Bei der Philosophie sollte ich vielleicht eine kleine Einschränkung machen: Um den von mir geliebten Kant hast du, soweit ich beobachten konnte, einen großen Bogen gemacht.)

Gerasdorfer Geck und ländlicher Don Juan auf Motivsuche – Willi, du musst die Hand vorm Objektiv wegnehmen!

Du warst auch kein „schlimmer" Schüler, wenngleich du kaum einen Bubenstreich – wir waren ja eine reine Bubenklasse – versäumt hast.

Du warst vielleicht ein „schwieriger" Schüler – weil alles hinterfragend, nur natürliche, aber keine „amtlichen" Autoritäten anerkennend. Du warst als Klassensprecher-Stellvertreter aktiv, und ich erinnere mich auch an dein Auftreten als Vertreter des Schulsprechers. In diesen Funktionen also warst du im dialektischen Argumentieren ein den Professoren mindestens ebenbürtiger, meist überlegener Gegenspieler. Nicht alle Professoren haben das als die ersten deutlichen Anzeichen eines großen politischen Talentes erkannt, und so kam es regelmäßig zu schlechten Betragensnoten, die von den meisten Mitschülern als absolut ungerecht empfunden wurden. Meine Mutter allerdings, in nächtlichen Stunden von dir über geplante und ausgeführte jugendliche Großtaten im Detail informiert, während ich mit dem Schlaf kämpfte, sagte damals schon immer wieder die prophetischen Worte: „Der Hannes wird einmal Finanzminister." – Da warst du 17 oder 18 Jahre alt!

Tatsächlich konntest du ja erste politische Erfolge vorweisen: Wiedergründung des Floridsdorfer VSM (Verband Sozialistischer Mittelschüler), Wiener VSM-Obmann usw., aber es soll ja hier kein Lebenslauf wiedergegeben werden. Erwähnenswert (weil außerhalb unserer Klassengemeinschaft wenig bekannt) ist, dass du großen Einfluss auf die politische Einstellung unserer Klassenkameraden und – vielleicht noch wichtiger – auf die politische Diskussionskultur (bis hin zum Religionsunterricht!) in der Klasse hattest.

In der Klassengemeinschaft zeigte sich auch schon deine außergewöhnliche Bereitschaft, Hilfe zu leisten, und zwar ganz konkret und pragmatisch, von Fall zu Fall, und nicht etwa in der Anonymität einer Hilfsorganisation oder Ähnlichem. Das ist bis heute so geblieben, ob es sich nun um einen bei einem Begräbnis kollabierenden alten Freund handelt oder um eine von Rückenschmerzen geplagte Kellnerin in Altaussee. Wenn du selbst einmal Hilfe gebraucht hast oder – was glücklicherweise selten vorkam – in Schwierigkeiten gewesen bist, dann hast du angebotene Hilfe immer ohne Umschweife und ohne falschen Stolz angenommen. Auch das ist bis heute so, und vermutlich bin ich nicht der Einzige, der das zu schätzen weiß – du gibst einem immer wieder das Gefühl, dass man für dich nicht überflüssig ist, auch wenn du dir (fast) alles selbst leisten und selbst beschaffen könntest.

Zielstrebig, wie du immer schon gewesen bist, hast du während des Studiums politische Abstinenz geübt – es muss dir sehr schwer gefallen sein, aber der Lohn war, dass du das Studium bis zum Diplomkaufmann in Rekordzeit geschafft hast. Dass du dann für die Dissertation etwas länger gebraucht hast, ist eine andere, heute hinlänglich bekannte Geschichte, nämlich die Geschichte eines atemberaubend schnellen Aufstiegs in der Politik dieses Landes.

Sehr früh aber hast du auch den Hang zum Unternehmer freimütig gezeigt: Ich hatte mein Technik-Studium noch nicht beendet, als du mir deinen Plan unterbreitet hast, von einem dir bekannten nachwuchslosen Firmengründer eine Maschinenfabrik zu übernehmen und mich als technischen Direktor einzustellen. Vielleicht war es Glück für uns beide, dass aus diesem Plan nichts geworden ist.

Aus anderen, späteren Plänen ist, wie wir alle wissen, sehr wohl etwas geworden. Auch wenn dabei manch glücklicher Zufall eine gewisse Rolle gespielt haben mag – wie das ja von deinen Kritikern manchmal gesagt oder geschrieben wird –, so waren es deine besonderen Fähigkeiten, mit denen du deine Chancen nutzen konntest.

Wie die meisten Menschen in Führungspositionen – sei es in Politik, Wirtschaft oder Wissenschaft – „bringst du immer die Sache auf den Punkt", wobei die Fähigkeit, analytisch zu denken, eine wesentliche Rolle spielt. Dementsprechend willst du auch alles „verstehen", jedenfalls im Wesentlichen – lange Erklärungen, mit vielen Details, lässt du allerdings nicht gerne über dich ergehen. Dein Bemühen, alles zu verstehen, erstreckt sich sogar auf naturwissenschaftlich-technische Probleme, und dabei kannst du Erstaunliches zustande bringen. Ich erinnere mich mit Vergnügen daran, wie du vor vielen Jahren auf einem TU-Ball einem angehenden Physiker (und späteren

Universitätsprofessor) klipp und klar und vollkommen richtig bewiesen hast, dass seine Vorstellungen über die Aerodynamik des Tragflügels eines Flugzeugs nicht der Realität entsprechen. Dass du dabei zum Leidwesen unserer Tischdamen das Tanzen sträflich vernachlässigt hast, steht auf einem anderen Blatt.

Zu deinen Stärken gehört es auch, Talente zu erkennen, fähige (und einsatzwillige) Mitarbeiter auszuwählen (bei dir gibt es die berühmten 50 % Fehlentscheidungen bei Stellenbesetzungen nicht!) und dann möglichst viel zu delegieren.

Mit der Anerkennung der Leistungen anderer hast du keine Schwierigkeiten. Ehrlich gemeinte Anerkennung freut bekanntlich jeden von uns, und das macht sicher einen wesentlichen Teil deiner besonderen Beziehungen zu deinen Mitmenschen aus. (Wenn du zu mir sagst, von uns zweien sei ich der Gescheitere – dann weiß ich zwar, dass das nicht stimmt, aber es tut mir trotzdem gut.) Im Übrigen erscheint es mir bemerkenswert, dass diese Anerkennung der Leistungen anderer dein oft zitiertes Selbstbewusstsein – das ja bei einer Führungspersönlichkeit nicht fehlen darf – offensichtlich nicht beeinträchtigt hat.

Wie du mit Menschen unterschiedlichster Bildung, Herkunft, Stellung usw. umgehen kannst, hat mich, als Beobachter, immer wieder erstaunt. Das so aufgebaute Vertrauen hilft dir dann u. a. auch bei der Beschaffung von wichtigen Informationen – vom Betriebsrat bis zum Firmenchef, vom Sektionskassier bis zum Parteivorsitzenden, vom Stammtisch bis zum Pfarrhof erstrecken sich deine Informationskanäle.

Wenn du dann die richtigen Informationen hast, dann „investierst" du in die Zukunft alles, was notwendig ist: Zeit, Arbeitsaufwand und finanzielle Mittel. Du investierst, auch wenn es dir schwer fällt. Du investierst „nachhaltig" – du willst etwas aufbauen, dann erhalten, schließlich weiter ausbauen. Und du investierst mit einem gewissen Mut zum kalkulierten (!) Risiko.

Last, but not least möchte ich zu deinen Stärken – im wahrsten Sinn des Wortes – zählen, dass du, von der Natur – heute sagt man, von den Genen – begünstigt, auch physisch extrem belastbar bist. Sport war dementsprechend immer wichtig für dich, und er ist es bis heute. In der Schule warst du im Sport der Allrounder, später hast du dich natürlich etwas spezialisieren müssen, wobei du lange trotz beruflicher Belastungen auch dem Mannschaftssport treu geblieben bist. Nur im Schwimmen konntest du mit denen, die sich im Wasser der Süßenbrunner Schottergrube wie die Fische bewegten, nicht ganz mithalten. Ich kann bis heute nicht verstehen, wieso du trotzdem bei den Mädchen so hoch im Kurs gestanden bist – noch dazu unter den erschwerenden Bedingungen einer ganz unmöglichen gelben Badehose!

Apropos junge „Mädchen": Jeder, der Hannes auch nur ein wenig kennt, weiß, dass Frauen in seinem Leben eine wesentliche Rolle spielen. Dieses Thema ist aber außerordentlich komplex, und meine Beobachtungen und Forschungsergebnisse hierzu sind so umfangreich, dass sie den Rahmen dieses Kurzvortrags bei Weitem sprengen würden.

Wilhelm Schneider

Geb. 1938 in Wien. Verh. seit 1965 mit Sonja Schneider, geb. Androsch. 2 Söhne: Wolfgang (geb. 1966) und Peter (geb. 1970). Nach der Matura Maschinenbau-Studium, 1961 Dipl.-Ing., 1963 Dr. techn. Nach dem Militärdienst 10 Lehr- und Wanderjahre in der Luft- und Raumfahrtforschung (DFVLR, Aachen; NASA Jet Propulsion Laboratory, Pasadena), Habilitation an der RWTH Aachen. 1973 o. Professor für Gasdynamik und Thermodynamik an der TH (heute: TU) Wien und Vorstand des gleichnamigen Instituts. Gastprofessuren bzw. Forschungsaufenthalte in den USA, Indien, Japan. Seit 1993 Rektor am International Centre for Mechanical Sciences in Udine, Italien. 2006 Emeritierung an der TU Wien. 1966 Ernst-Mach-Preis der Deutschen Gesellschaft für Flugwissenschaften. Mitglied der Österreichischen Akademie der Wissenschaften. Ehrendoktorat der Universität Udine, Träger des Ludwig-Prandtl-Rings der Deutschen Gesellschaft für Luft- und Raumfahrt, korresp. Mitglied der Accademia Udinese delle Scienze, Lettere e Arti. Ca. 120 Publikationen von Forschungsergebnissen und zwei Lehrbücher. Mitherausgeber einiger wissenschaftlicher Werke und einer Buchserie (ca. 10 Bände jährlich).

Die Präsidentin des österreichischen Nationalrats, flankiert vom oberösterreichischen Landeshauptmann-Stellvertreter Erich Haider und von Wiens Bürgermeister Michael Häupl sowie dem neuen Vorsitzenden der SPÖ Werner Faymann – Einfluss auf die politische Diskussionskultur

Alte Haudegen und erfolgreicher Jungmanager: Erwin Frühbauer, Verkehrsminister in der Regierung Kreisky, und Karl Steinocher, viele Jahre hindurch Salzburgs stellvertretender Landeshauptmann, dazwischen Herbert Kaufmann

Und apropos „wesentliche Rolle" im Leben des Jubilars: Sein Verhältnis zu Büchern grenzt an ein manisches. Bücher sind die Quellen seines großen Wissens auf so unterschiedlichen Gebieten wie der Ökonomie, Geschichte, Geografie, Philosophie und Religion bis zu neuen Aspekten der Naturwissenschaften wie der Hirnforschung.

Zu Geld hat Hannes eine ganz andere Beziehung als zu Büchern: Natürlich will er gut leben, sich die berühmten Anzüge, die seinerzeit die Republik in ihren Grundfesten erschütterten, kaufen können, aber vor allem will Hannes mit Geld etwas bewegen (er selbst sagt gerne: „gestalten"). Ich erwähne nur zwei Beispiele, erstens die hoch dotierte Stiftung bei der Österreichischen Akademie der Wissenschaften und zweitens – ich spreche jetzt pro domo – die Förderung von Forschungsprojekten an meinem Institut aus Mitteln der AIC, was dazu geführt hat – wenn ich mir diese persönliche Bemerkung erlauben darf –, dass sich mein Leben als Emeritus ganz anders entwickelt hat, als ich mir das ursprünglich vorgestellt hatte.

Eigentlich hätte ich auf Wunsch des Jubilars eine „ironisierende" Geburtstagsrede, keine Laudatio, halten sollen – aber schließlich ist doch mehr oder

Hannes Androschs Tafelrunde (v. l. n. r.): Barbara Prammer, Michael Häupl, Werner Faymann, Heinz Fischer, Lia Androsch

Im Vordergrund (v. l. n. r.): Hans Niessl, Eva-Maria Stackl, Karl Schwarzenberg, Margit Fischer, Hannes Androsch

weniger eine Laudatio daraus geworden. Das ist allerdings kein Wunder bei diesem Jubilar: Es gibt an ihm, und von ihm, zu vieles, was man „lobend" erwähnen muss, wenn man seiner komplexen Persönlichkeit gerecht werden will.

Selbstverständlich gilt auch für Hannes die alte Regel „Nobody is perfect" – aber als alter Freund hat man sich an die „Imperfektionen" des Freundes, so wie an die eigenen, schon so gewöhnt, dass man sie gar nicht mehr registriert. Und „alte" Freunde sind Hannes und ich ja tatsächlich im doppelten Sinn des Wortes: als 70-Jährige seit mehr als 50 Jahren Freunde!

Lieber Hannes, für diese Freundschaft, die viele Veränderungen in deinem, aber auch in meinem Leben unbeschadet überstanden hat, bin ich zutiefst dankbar. Es ist ja wirklich bemerkenswert: In den mehr als 50 Jahren unserer Freundschaft gab es zwischen uns keinen einzigen Streit! Meine Mutter hat, wie du dich vielleicht erinnern wirst – ich zitiere sie nochmals –, bei den Buben gerne zwischen „Engeln" und „Bengeln" unterschieden. In mehr als 50 Jahren kein einziger Streit: Einer von uns – oder logisch präziser: mindestens einer von uns – muss ein Engel sein!

„Die Wiener Philharmoniker", schwärmte einst Hans Weigel, „die Wiener Philharmoniker sind das herrlichste Orchester der Welt und sind es wohl darum, weil sie den Begriff des Spielens – Geige spielen, Cello spielen, eine Symphonie spielen – beim Wort nehmen. Sie spielen tatsächlich. Sie stehen über den harten Gegebenheiten der Materie, über den technischen Schwierigkeiten, sie stehen über dem Werk; so weit über ihm, dass sie seine Einzelheiten nicht wahrnehmen. Sie lieben das Proben nicht, denn solches könnte ihnen die Frische, die Unmittelbarkeit der Begegnung nehmen. Wo bliebe der Reiz eines Konzerts, wenn man schon vorher weiß, wie es gehen wird? Nein, alles wird dem Augenblick überlassen, der schöpferischen Improvisation. Die Schwierigkeiten, kaum erkannt, werden spielend gemeistert. Kunst wird hier nicht mit Arbeit verwechselt." Erfreuen Sie sich am Spiel von Mitgliedern der Wiener Philharmoniker: Günter Seifert, Milan Setena – Violine, Eckhard Seifert – Violine und Viola, Robert Nagy – Viola und Cello, Josef Pitzek – Bass, Johann Hindler – Klarinette. Die Philharmoniker.

Der Freundschaft zwischen Peter Weiser und Hannes Androsch nachzuspüren wäre – allein ob ihrer Vielseitigkeit – ein abendfüllendes Programm. Ich kann hier nur ein paar bescheidene, zurückhaltende, ja geradezu dürftige Hinweise geben. Das Spektrum Peter Weisers reicht vom erfolgreichen Generalsekretär des Wiener Konzerthauses bis zum ersten Generalsekretär der Energieagentur. Dies war eine Idee Bruno Kreiskys. Nur er konnte die Idee haben, als Generalsekretär einer Energieagentur einen intellektuellen Schöngeist zu berufen. Selbst Peter Weiser war überrascht. Auf die Frage des in Energiebelangen bis dahin unbescholtenen Peter Weiser, was der Generalsekretär einer Energieagentur nach den Vorstellungen des Herrn Bundeskanzlers denn so zu tun habe, bekam er zur Antwort: „Gehen S' zum Androsch." 1970 oder 1973 oder noch 1975 hätte sich Peter Weiser höchstwahrscheinlich mit der flachen Hand auf die Stirn geschlagen und zu sich gesagt: „Is' ja eh klar, was geh' ich fragen." 1977 war es eine echte Überraschung, aber manchmal hat Bruno Kreisky auch in den späten Jahren seines Regierens recht gehabt. Es entstand nämlich daraus, glaube ich, das letzte Energiekonzept einer österreichischen Bundesregierung.
Aber zurück zu Peter Weiser. Er gehörte dem Team des legendären Senders Rot-Weiß-Rot an, war der Erfinder des Watschenmannes und überhaupt, ich sagte ja schon, der Pionier eines modernen Rundfunks. Peter Weiser ist ein rundherum gebildeter, humanistischer Mensch. Wer je erfahren hat, wie recht Helmut Qualtinger mit der Feststellung hat, dass es kaum Schlimmeres gäbe, als einem dummen Menschen zuhören zu müssen, kann sich nun entspannt zurücklehnen und den Ausführungen Peter Weisers lauschen, der es seinerzeit sogar zu Wege brachte, mit Couplets über den amtierenden Finanzminister Aktualität in Salzburgs Nestroy-Aufführungen zu bringen. Peter, ich darf dich auf die Bühne bitten!

Peter Weiser

»Die Partei braucht an Kopf – der Rest wär' vorhanden«

Reminiszenzen, Begegnungen, Annäherungen

Peter Weiser – jetzt wissen Sie, wie ein intellektueller Schöngeist ausschaut

Vor ungefähr 35 Jahren ist in Salzburg das Stück „Der Talisman" von Nestroy aufgeführt worden. Helmuth Lohner hat damals mit folgender Zusatzstrophe einen ganz besonderen Applaus gehabt:

Steht neben mir wer beim Demel und kauft ein Kilo Bonbon,
Ich denk mir: Was ist der? Ein Graf, ein Baron?
Heute spiele ich ein Single, weil Tennis ist klass,
Dann erhöh ich die Steuern, das ist immer ein Spaß.
Dann geh ich zum Knize, für a Sackerl a blau's.
Weil von der Stange schau ich aus wie der Taus.
Kein Graf! Nur ein Sozi, nach dem neuesten Stil,
Ja, die Zeit ändert viel, die Zeit ändert viel.

Das war damals ein großer Erfolg, denn es entsprach dem Erscheinungsbild des jungen Hannes Androsch, der plötzlich in die österreichische Politik eingestiegen

Der Dichter und der Minister – Grillparzer-Gedenkfeier anlässlich des 100. Todestags von Österreichs berühmtestem Finanzbeamten Franz Grillparzer in den frisch renovierten Prunkräumen des Finanzministeriums im Jänner 1972

**»Hier sitz ich unter Faszikeln dicht,
Ihr glaubt: verdrossen und einsam,
Und doch vielleicht, das glaubt ihr nicht,
Mit den ewigen Göttern gemeinsam.«**

Aus dem Alltag des Hofkammerarchivs, März 1855

und wie ein Komet aufgestiegen ist. Dieses Image ist ihm sehr lange nachgehangen: Tennis spielen, Demel-Atmosphäre, Steuer erhöhen, hunderte Anzüge oder vielleicht weniger – ganz genau hat man nicht gezählt – und gleichzeitig ist er wahrscheinlich auch aus irrationalen Gründen zum Feindbild seiner Gegner geworden. Ich komme aus einem bürgerlich-konservativen Lager, zu dem ich mich auch bekenne, ich finde, das ist keine Schande, ich gestehe, ich hab damals gelitten und ich war nicht der Einzige. Die Menschen glauben immer, dass die anderen alle schlecht sind. Und ich möchte Ihnen zwei Beispiele geben von Leuten, mit denen ich oft gesprochen habe und die gesagt haben: Nein, die fabelhaften fachlichen Kenntnisse von Dr. Androsch und sein unerhörtes politisches Fingerspitzengefühl, zu wissen, was man umsetzen kann, die müssen für Österreich nutzbar gemacht werden. Der eine davon war der längst verstorbene alte Präsident Mautner Markhof und der andere war der ehemalige Unterrichtsminister Piffl-Perčević, die beide, ich war mit denen sehr gut, bis zum Schluss gesagt haben: „Dieser Mann ist für Österreich unverzichtbar." Und diese Attacken gegen ihn, diese wüsten Anschuldigungen gegen ihn, waren mir persönlich unangenehm. Ich habe ihn ja gar nicht gekannt. Aber ich hab gefunden, es ist furchtbar, dass man einen Menschen so heruntermacht, der immerhin in kürzester Zeit die Mehrwertsteuer durchgesetzt hat, wozu die Schweiz 15 Jahre gebraucht hat, der in kürzester Zeit die Wasser-Milliarde für Kärnten flüssig gemacht hat, die Kunst-Milliarde für die Kulturbauten, der persönlichen Mut gezeigt hat beim Brechen des Lkw-Streiks in Salzburg, der längst vergessen worden ist. Warum greift man den so an? Und ich hab mir weiter gedacht, eigentlich, er muss doch leiden darunter, nicht seinetwegen allein, aber er hat eine Frau und zwei kleine Kinder. Das heißt, dass sie jeden Tag in der Zeitung Schlagzeilen sehen, dass sie jeden Tag in der Zeitung wüste Angriffe sehen, dafür, dass er eigentlich nur seine Pflicht tut, nur sie ein bisschen anders tut, als die andere Seite sie tun würde. Und was hat diese Familie gelitten, was hat seine Mutter gelitten, was hat seine Schwester gelitten, wenn sie das dauernd gesehen haben? Und dann hab ich gedacht: Wie hat er das überhaupt durchgestanden? Wie kann ein Mensch, der der meistbeschäftigte Politiker des Landes war, so etwas durchstehen?

Ich weiß nicht, ob Sie Altaussee kennen. Aber wenn Sie es kennen, das ist nach der Pötschenhöhe, auf dem Hochplateau liegt Altaussee, eingegrenzt vom Sarstein, vom Loser, der Trisselwand und dem Tressenstein, und irgendwie von Ferne hat man das Gefühl, dass der Dachstein diese Gegend beschützt, dessen Gletscher sich im schwarzen Altausseer See spiegelt. Wenn Sie oben auf dem Loser stehen und das Panorama vor sich sehen, das poetischste Panorama, das Sie sich

Peter Weiser

Peter Weiser, gebürtiger Mödlinger, betrachtet sich im Wesentlichen als Journalist. Über die „Mödlinger Nachrichten" und die katholische Wochenzeitung „Die Furche" kam er zunächst zur Sendergruppe „Rot-Weiß-Rot", dann zu den „Salzburger Nachrichten" und zur „Frankfurter Allgemeinen Zeitung", ehe er, nach einem Zwischenspiel als Konsulent des Österreich-Pavillons bei der Brüsseler Weltausstellung von 1958, Theaterkritiker der Tageszeitung „Kurier" wurde.
Von dort wurde er 1961 als Generalsekretär in die Wiener Konzerthausgesellschaft berufen und, nach deren Sanierung, von Bundeskanzler Kreisky beauftragt, Vorschläge für Energiesparmaßnahmen zu erarbeiten. Peter Weiser gründete die Energieverwertungsagentur, leitete sie von 1977 bis 1990 und wechselte dann in sein ursprüngliches Metier, in den Kulturjournalismus. Als Konsulent der Stadt Wien zeichnete er für verschiedene Großereignisse verantwortlich, so für das Filmfestival auf dem Rathausplatz, für das Mozartjahr 1991, für die Gedenkjahre von Franz Schubert und Johann Strauß etc., schließlich für fünf Theodor Herzl-Symposien, die sehr wesentlich zur Verbesserung der Beziehungen zwischen Österreich und Israel beitrugen.
Im Jahr 2005 war Peter Weiser gemeinsam mit Hannes Androsch und Herbert Krejci einer der drei Verantwortlichen für die Ausstellung „Das Neue Österreich", die im Oberen Belvedere anlässlich des 50. Jahrestages des Abschlusses des Österreichischen Staatsvertrages veranstaltet wurde. Sie wurde einer der größten Ausstellungserfolge Österreichs seit dem Ende des Zweiten Weltkriegs.

vorstellen können – vis-à-vis glänzt die Trisselwand und auch diese schroffe Wand ist sehr poetisch, sie färbt sich gegen Abend bei Sonnenuntergang immer rot. Und in dieser poetischen Gegend gibt es natürlich sehr viele Volksdichtungen von unbekannter Hand und eines der entzückendsten Gedichte geht so:

Der Loser sprach einst sehr galant
zur Nachbarin, der Trisselwand:
Ach, kommen Sie doch bitte
heut Nacht auf meine Hütte.
Die Trisselwand, nicht ganz aus Stein,
sie sagt nicht ja, sie sagt nicht nein,
doch plötzlich wird sie rosa
und flüstert leis: Sie Loser!

Dort oben, am Loser, steht des Öfteren Hannes Androsch. Nicht der Androsch, der angeblich hundert Anzüge vom Knize hat, sondern der mit der einen Lederhose und mit den fünf Paar grünen Stutzen. Und er tankt dort, er schöpft seine Kraft aus dieser Gegend, in der er Wurzeln geschlagen hat, in der er sich beheimatet fühlt und von den Einheimischen auch als Einheimischer angesehen wird. Und diese Fähigkeit, aus einem Land, das man liebt, Kraft zu schöpfen, das mag pathetisch klingen, aber die hat er. Und die hilft ihm über all das Ungemach und die Unbill hinweg, die man ihm in Wien angetan hat und immer noch antut. Und ich glaube, dass diese – ein Wort, das man heute kaum noch aussprechen darf, ohne angegriffen zu werden – diese Heimatverbundenheit von Hannes Androsch mit Österreich einen der großen, dynamischen Prozesse auslöst, die in ihm die Fähigkeit erwecken, Widerstand zu leisten und zu kämpfen – auch dort, wo es eigentlich aussichtslos ist.

Wenn Sie die Zeitungen verfolgen, werden Sie sehen, dass sie ihm überall nachjagen. Sie finden Reportagen von Hannes Androsch auf der Plätte über dem Altausseer See, Hannes Androsch als Trommelweib im Ausseer Fasching, Hannes Androsch einen Ausseer Saibling essend oder eine Ausseer Narzisse pflückend. Aber niemand beschreibt den Androsch, der jeden Tag einmal um den Altausseer See geht – meistens im Uhrzeigersinn – und darüber nachdenkt, was man für dieses Land tun könnte. Niemand schreibt über den Hannes Androsch und seine endlosen Lesenächte in Wien wie in Altaussee, wo er darüber grübelt, wie es denn gekommen ist, dass Österreich immer noch Grillparzer recht gibt, wenn er sagt: „Das ist der Fluch von diesem edlen Hause, auf halben Wegen und mit halber Kraft zu halben Zielen zögernd fortzuschreiten." Er will das nicht. Er will, dass Österreich zu ganzen Zielen fortschreitet, auf ganzen Wegen und nicht zögernd. Und diesen unbeugsamen Willen, der sich auf ein uraltes Zitat aus dem 17. Jahrhundert bezieht: „Österreich über alles, wann es nur will", dieses Wollen, das versucht er seiner Umgebung einzuimpfen, und das versucht er auch umzusetzen. Manchmal gelingt es ihm. Und ich glaube, dass seine Fähigkeit, aus Österreich Kraft zu schöpfen, um für Österreich etwas zu machen, eines der ganz wesentlichen politischen Merkmale ist, die sein kurzes staatspolitisches Leben beflügelt haben und die ihn auch jetzt – er ist ja nach wie vor ein politischer Mensch – bewegen und manchmal sogar beseelen.

Das war die Situation, wie Helmuth Lohner in Salzburg aufgetreten ist. Und das war die Situation, die wir vorgefunden haben, wie wir gedacht haben, na ja, jetzt ist er Vizekanzler, jetzt dauert es nicht mehr lange. Man hat sich geirrt, leider. Ich kann mich erinnern, wie das Jahr 1979 vorangegangen ist und wie Hannes Androsch fast allein, mit Charly Blechas Unterstützung, die Wahl gewonnen hat – haushoch, leider, muss ich von meinem Standpunkt aus sagen. Aber er hat sie haushoch gewonnen. Damals haben die Leute geglaubt: Na ja, jetzt ist also Friede eingekehrt und jetzt wird er anerkannt werden. Und bei der Wiederholung des „Talismans" hat der Helmuth Lohner eine neue Zusatzstrophe gesungen und die hat gelautet:

Der Adenauer war noch mit 90 sehr gut im Regieren.
Ich glaub, da werd ich mich auch nicht genieren
Und bleib noch im Amt bis 2003.
Weil dann ist's mit dem Gratz und dem Androsch vorbei.
Auf die trifft die Altersklausel dann zu.
Und i hab mei Ruh, und i hab mei Ruh!

Gespanntes Interesse zu mitternächtlicher Stunde – Daniela Russ, Julian Mauhart und Katja Teuchmann

Diese Strophe hat damals auch einen gewissen Erfolg gehabt, aber es ist keine Ruhe eingekehrt, im Gegenteil: Sie wissen, was im Jahr 1979 passiert ist. Und Hannes Androsch musste als Finanzminister demissionieren, oder hat seine Demission eingereicht, um in die CA zu gehen. Damals hat eine einzige internationale Persönlichkeit gezeigt, dass sie zu ihm steht: Das war der deutsche Bundeskanzler Helmut Schmidt, der ihn kurz nach seinem Abgang nach Bonn gebeten hat, um die Festrede zu seinem 65. Geburtstag zu halten. Diese Festrede ist bis heute ein historisches Dokument geblieben. Und ich glaube, Helmut Schmidt ist bis heute sehr dankbar, dass Hannes Androsch damals diese Rede gehalten hat.

In der CA hat er sich an die Restrukturierung des Konzerns gemacht, Sie kennen ja die Geschichte, in kurzer Zeit war die Bank, die angeblich marod war – ich kann das nicht beurteilen, aber jedenfalls war sie nicht so gut, wie sie hätte sein können –, wieder die Bank zum Erfolg. Und gleichzeitig hat Hannes Androsch bewiesen, dass er nicht nur ein sehr guter Banker und ein ausgezeichneter Wirtschaftsfachmann ist, sondern auch ein fabelhafter Menschenführer. Seine soziale Kompetenz, die er da an den Tag gelegt hat und die viele von Ihnen kennen – er vergisst keinen Geburtstag, er vergisst niemanden, der krank ist, er vergisst keinen Todesfall –, er ist der rührendste Mensch, wenn man Hilfe braucht, und er meint es auch ehrlich, er macht das nicht aus Berechnung, er hat das ja nicht notwendig. Er macht es, um Menschen zu helfen oder Freude zu machen. So hat er den Betrieb geführt und sehr bald ist die – wirklich schwarze CA – für ihn durch das Feuer gegangen. Ich kann mich nicht erinnern, je von irgendjemand aus der CA irgendein Wort der Kritik gehört zu haben. Und ich glaube, das war auch sein großer Stolz und man kann sich seinen Schmerz vorstellen, dass diese Bank heute nicht mehr existiert, dass sie aus Ignoranz, aus Knausrigkeit, aus Dummheit verscherbelt worden ist und Österreich heute keine „monetäre Visitenkarte" mehr besitzt. Was sehr schade ist. Das ist eine Wunde, die bei ihm sicher noch nicht zugeheilt ist. Diese CA-Episode hat gezeigt, wie vielseitig er ist: also nicht nur Politiker, nicht nur ein Theoretiker der Macht oder des Geldes, sondern auch ein Praktiker im Umgang mit Geld in der Wirtschaft.

Monica Riedler

Und die Leute haben gefunden: Na ja, wenn der so gut ist in der Wirtschaft, dann können wir ihn ja auch brauchen. Er soll zurück in die Politik. Und wie der Zufall es will, haben die Salzburger Festspiele den „Zerrissenen" aufgeführt, und wie der Zufall es will, hat der Helmuth Lohner wieder Zusatzstrophen gesungen, und in Anspielung darauf, dass Hannes Androsch ja immer wieder betont hat, nein, nein, ich bin ein braver Sozialist und ich bin kein Manager einer großen Bank, ich bin nach wie vor überzeugt, dass in der Sozialistischen Partei das Heil ist, hat es da geheißen:

Im Volksmund, da hieß es, „der Hannes, der kann es".
Jetzt bin ich der Banker des einfachen Mannes.
Aber wie das so ist, wenn ma red't als Prophet,
Der Herodes will meinen Kopf auf dem Silbertablett.
Doch halt, klingt es nicht jetzt durch die Landen,
Die Partei braucht ein' Kopf, der Rest wär vorhanden?
Kommt nicht in Frage. Nur am 1. Mai,
Da geh ich bescheiden am Rathaus vorbei.
A Blümerl im Knopfloch, a rot's Stecktuch dazu,
Na da vorbeizugehn – da g'hört was dazu!

Helmuth Lohner hat damals in einer wunderbaren Androsch-Imitation natürlich einen großen Erfolg gehabt, aber es war – was man gleich nachher gespürt hat, auch in Pressereaktionen – der falsche Zeitpunkt, die Schlacht gegen ihn war noch nicht ausgekämpft. Da ist noch was drin. Und Sie wissen, was dann passiert ist, Sie kennen die Schlacht, die da geführt wurde, eigentlich ein Prozess von 15 Jahren, wenn ich mich richtig erinnere. Ich kann mich nur erinnern an eine zufällige Sache: Ich bin mit meiner verstorbenen ersten Frau in Altaussee gewesen, war zufällig bei Herrn Dr. Androsch zu Besuch und im Mittagsjournal ist die Nachricht gekommen, dass sein Nachfolger als Finanzminister, dessen Name zu Recht längst vergessen ist, mit einem Staatsanwalt, dessen Name auch gar nichts mehr zur Sache tut, in seiner Wohnung ein Privatgespräch geführt hat und Hannes Androsch angezeigt hat. Und das ist sehr groß herausgekommen – er musste nach China fahren und hat also Hannes Androsch, seinen Nachfolger, angezeigt. Da haben wir gewusst, das ist der Anfang vom Ende. Wir sind damals zu viert um den Altausseer See herumgegangen – haben nicht viel gesprochen, da waren wir noch nicht

Ronald Barazon, Ursula und Alfred Reiter
Herbert Cordt und Georg Riedl
Inge Mauhart und Liselotte Peter

Ludwig Scharinger, Birgit Murr und Rudolf Edlinger
Rudolfine Steindling und Brigitte Androsch

so gut miteinander – und sind dann im Seecafé eingekehrt. Das war unvergesslich: Da war der See und unser Geburtstagskind hat mir erklärt, dass so um die Zeit, bevor die Sonne untergeht, der schwarze Spiegel vom See verschwindet und dann irisiert der See. Manchmal sind es – je nach Wellen – Farben wie von Monet, manchmal ist es Renoir, manchmal auch Seurat. Also, ich war ganz baff, dass er in dieser Situation über Farben und Malerei und Dinge redet, die gar nichts mit der politischen Situation oder mit der Sache, die er zu Mittag erfahren hat, zu tun haben, und sich mit ihnen beschäftigt. Und wir haben weitergeredet, über Häuser und über die Dichter, die da waren, merkwürdigerweise, der Konrad Mautner, der das als Volkslied gerettet hat, Wassermann, Schnitzler, Hofmannsthal, Friedrich Torberg. Und Brigitte Androsch hat mich auf die Votivtafel an der Friedhofsmauer aufmerksam gemacht, auf der steht: Leopold Freiherr von Andrian und darunter seine Frau, eine geborene Meyerbeer. Die Tafel hängt da am Friedhof, wenn man vorbeigeht, den Weg innen. Und wir haben über diese merkwürdige Tatsache gesprochen, dass so viele Juden ihr Herz in Altaussee verloren haben. Wie so viele von ihnen auch zurückgekommen sind – zu Besuch – und dann wieder weggefahren sind. Dass sie dieses merkwürdige Gebiet da zwischen Sarstein und Trisselwand eigentlich ja sehr als eine Art Zuhause betrachtet haben, und wir haben philosophiert bis in den Abend hinein, und ich hab damals sehr viel über das Problem – es war ja auch schließlich die Gegend von Kaltenbrunner und Eigruber, das darf man nicht vergessen – gelernt, in Österreich miteinander zu leben und zu koexistieren und Sachen auszuhalten, die man retrospektiv eigentlich nicht aushalten kann, aber man hält sie aus. Ich war an dem Abend unerhört beeindruckt. Wahrscheinlich auch, weil wir gewusst haben, die CA-Zeit geht auch zu Ende. Nun, die CA-Zeit ist zu Ende gegangen, Näheres brauche ich Ihnen nicht zu erzählen. Und da war wieder ein Mann, der zu Hannes Androsch gehalten hat. Das war wieder ein deutscher Bundeskanzler, nur hat er diesmal Helmut Kohl geheißen. Helmut Kohl hat sich mit ihm getroffen und hat ihm gesagt: „Eigentlich beneide ich Sie. Weil Sie sind jetzt in der Situation, zu erkennen, wer Ihre wirklichen Freunde sind."

Und mit dieser sehr gescheiten, sehr weisen Bemerkung im Rücken hat Hannes Androsch neu angefangen. „Österreich über alles, wann es nur will" ist sein Motto. Er hat gesagt, jetzt muss ich etwas für dieses Land tun, jetzt muss ich erst einmal den Ausverkauf verhindern. Sein erster Versuch ist nicht gut ausgegangen, weil die Donaudampfschifffahrtsgesellschaft, die er einige Monate vor dem Fall des Eisernen Vorhangs retten wollte, von Dilettanten verscherbelt worden ist. Sie wäre heute wahrscheinlich das blühendste Schifffahrtsunternehmen Europas. Der zweite Versuch, die ehemaligen Eumig-Werke zu retten, ist gelungen, die hat er mit seinem Freund Dörflinger zu einem blühenden Unternehmen gemacht. Und der dritte Versuch, dank des Weitblicks seines Freundes Scharinger, die Salinen, hat dazu geführt, dass er am Loser nicht nur verwurzelt ist, sondern auch Hausherr, was einen gewissen Vorteil hat.

Die Fähigkeiten des Hannes Androsch, die kennen Sie, sinnlos, darüber weiter zu reden. Aber seine Fähigkeit, jenseits der ihm gestellten Aufgaben sich selber Aufgaben zu suchen, also beispielsweise zu sagen, ohne Auftrag und ohne Amt bin ich bereit, das und das für dieses Land zu machen, die kennt nicht jeder. Denken Sie an Seibersdorf, was er sich da aufgelastet hat mit Seibersdorf! Denken Sie an die Akademie der Wissenschaften, was er da leistet in der Akademie der Wissenschaften! Was er gemacht hat für die Universität Tel Aviv! Er tut ja so, als wäre er vierzig – er ist es nicht mehr. Man weiß es nicht, aber er ist nicht mehr vierzig und er strapaziert sich für dieses Land in einer Weise, dass man eigentlich nur in Bewunderung versinken könnte, wenn man eine Frau wäre. Also ich bin keine, ich versinke nicht in Bewunderung, aber ich bewundere ihn irgendwie trotzdem und ich habe es erlebt, bei seiner letzten großen Unternehmung, bei der Ausstellung „Das Neue Österreich" im Oberen Belvedere zu Ehren des Staatsvertragsjubiläums. Und ich habe die Ehre gehabt, mit Prof. Krejci und Dr. Androsch zusammen die Verantwortung für diese Ausstellung zu tragen,

Michael Häupl, Lia Androsch und Werner Faymann

und wir haben sie eigentlich ganz gut über die Runden gebracht. Nur: Dass sie überhaupt stattgefunden hat, ist ausschließlich Dr. Androsch zu danken. Ich nehme an, der Prof. Krejci stimmt mir zu: Wenn Dr. Androsch nicht innerhalb von fünfzehn Minuten die Argumente von Bundeskanzler Schüssel, warum wir keine Staatsvertragsausstellung brauchen, in der Luft zerrissen hätte, wäre die Staatsvertragsfeier auf die weidenden Kühe im Belvederegarten und den Erdäpfelacker auf dem Heldenplatz beschränkt gewesen. Dass sie stattgefunden hat, ist ihm zu danken und sonst niemandem. Und wenn ich unbescheiden sein darf: Es war eine Riesenerfolgsausstellung, einer der größten Ausstellungserfolge in Österreich.

Und das Wort Erfolg ist, glaube ich, das Geheimnis der Ausstrahlung von Hannes Androsch. Sein Erfolg-Ausstrahlen ruft seine Bewunderer auf den Plan, aber genauso die Neider. Das muss man immer bedenken. Und dass er Erfolg hat, das kann einen freuen, und dass er mit den Bewunderern fertig wird, das hoffe ich – denn die sind sehr gefährlich –, mit den Neidern ist er noch immer fertig geworden. Und ich möchte zum Abschluss dem Geburtstagskind nicht nur alles Gute wünschen – darf ich ja nach dem Herrn Bundespräsidenten auch –, sondern ich möchte dir ein weiteres Dezennium der Erfolge wünschen und möchte mich dafür bedanken, dass du wesentlich dazu beigetragen hast, dass die Nachkriegsgeschichte Österreichs eine Erfolgsgeschichte geworden ist.

Vielen Dank für Ihre Aufmerksamkeit.

Brigitte Winkler, Elfriede Bartes, Heinz Pekarek – der Charme und die Kompetenz des Vorzimmers

Eva Hofmann, Franz Fischerlehner, Fritz Hofmann, Alfred Ströer

Katja Teuchmann, Inge und Beppo Mauhart

Karin und Karl Scheufele, Brigitte Androsch

»Bundespräsident Heinz Fischer
Dagmar Koller
Helmut Zilk –
Charisma kann man nicht lernen,
Charisma ist eine Gabe –
manchmal eine Gnade«

Lieber Hannes, du wirst dich vielleicht nicht mehr erinnern können – aber vor zehn Jahren, hier an diesem Ort, wähnte ich dich an der Schwelle von der Agilität zur Rüstigkeit. Ich muss gestehen, ich hatte mich geirrt. Ich versprach damals, weil überzeugt von solcher Entwicklung, ich werde mich bei künftigen Lobpreisungen weitestgehend vom Wort trennen und dir, sobald sich die Gelegenheit ergibt, eine belastungsfreie Laudatio in Bildern halten. Gut Ding braucht Weile – aber heute kann ich dir ein Ergebnis solch einschlägiger Bemühungen präsentieren. Wie ja auch du – oder gerade du – weißt, ist es relativ leicht eine Idee zu haben, viel schwieriger, sie umzusetzen. Jedoch aus Anlass deines heutigen Geburtstages hat sich eine Gruppe von Freunden gefunden, dies zu ermöglichen. Ich nenne Rudolfine Steindling, Harald Sommerer, Norbert Teufelberger, Manfred Bodner, Gerhard Pichler, Willi Dörflinger, Michael Müller, Ludwig Scharinger, Georg Riedl, Stefan Maix, Herbert Cordt, Julius Feichtinger, der als Einziger heute nicht unter uns ist, Alois Grill und Rudolf Streicher. Lieber Hannes, ich übergebe dir das Ergebnis dieses kollektiven Geschenkes hier schön verpackt, damit du als Jubilar auch etwas zum Auspacken bekommst.
Wir gehen in der uns alle auszeichnenden Bescheidenheit davon aus, dass wir dir mit unserem Geschenk Freude bereiten. So große Freude, dass du sie gerne mit deinen Gästen teilen willst. Auch dafür wurde vorgesorgt: Unser Geschenk an dich ist gleichzeitig dein Gastgeschenk an deine Gäste.

Hannes Androsch – seine sprichwörtliche Überschwänglichkeit kam auch am Ende des Festes deutlich zum Durchbruch: „Ich will jetzt nicht mitternächtlicher Abraham a Sancta Clara spielen … Recht herzlichen Dank fürs Kommen und für das Buch. Ich mein, geahnt hab ich es ja schon."

Birgit Murr und Lia „Mumy" Androsch mit Bilderbuch – eigentlich war er schon ein ganz fescher Minister

Das ist die Geburtstagstorte ...

... und was mach ma damit? ...

… Stückerlweise den Gästen kredenzen, wobei – wie es sich gehört – das erste Stückerl für die Brigitte vorgesehen ist

Wilhelm Hankel

»Prosperität in der Krise«

Österreichs goldenes Jahrzehnt

Lieber Hannes, du hast nicht ungestraft einen Ökonomen zu deinem heutigen Festmahl eingeladen. Zwar könntest du die gestern gehaltenen Fest- und Feiertagsreden ähnlich kommentieren wie einst ein deutscher Kollege von dir und elder statesman. Er sagte bescheiden: Ich hab sie ja doch alle verdient! (Es handelt sich um Konrad Adenauer anlässlich eines ähnlich runden Geburtstages.)

Nach meinem Eindruck hat bei den gestrigen Reden etwas ganz Wesentliches gefehlt: dein Beitrag zur Weiterentwicklung der ökonomischen Theorie und Politik, exemplifiziert am Beispiel Österreichs in der Zeit der siebziger Jahre, als nach Aufhebung des damaligen Weltwährungssystems von Bretton Woods die Weltwirtschaft in den Schock der nachfolgenden Ölkrise geriet und zu kollabieren drohte.

Du hast damals so ziemlich als einziger Finanzminister eines westlichen Industrielandes der Einheitsmeinung widersprochen: Man müsse das um so viel teurer gewordene Öl durch drastische Einsparungen in Staat und Gesellschaft ersetzen, wolle man eine über die Energiekosten ausgelöste Inflation verhindern. Deine konträre (und absolut ketzerische) Gegenmeinung lautete vielmehr: Es fehle den westlichen Staatshaushalten und Volkswirtschaften nicht an Öl, sondern nach dem Abzug zweistelliger Öl-Milliarden in die Kassen der OPEC-Staaten an Geld. Man brauche es zu Hause, um den Fortgang von Konjunktur, wirtschaftlichem Wachstum, Innovationen und der notwendigen Beschäftigung zu sichern. Du widersprachst der gängigen These, als Folge des Ölschocks drohe nun allen Nicht-OPEC-Staaten eine massive Inflation, und behauptetest das Gegenteil. Was jetzt drohe, sei eine durch den massiven Nachfrageausfall hervorgerufene Deflation, nämlich: Krise, Wachstumsschwäche und Arbeitslosigkeit, was es mit den Mitteln der Politik zu verhindern gelte.

Was machte dich in dieser Analyse so sicher? Da war erstens das Beispiel der unter Karl Schiller in Deutschland erprobten und entwickelten externen Währungsstabilisierung über steigende Wechselkurse („Aufwertung") statt steigender Zinsen. Die Aufwertung vermied den Kardinalfehler der internen Währungsstabilisierung über knappes Geld und teure Kreditzinsen. Letztere ruinierten den Mittelstand und würgten die Binnenkonjunktur ab. Man erkaufte die Währungsstabilität mit zunehmender Arbeitslosigkeit. Das durfte nicht sein. Dagegen verbesserte die Volkswirtschaft mit der Aufwertung nachhaltig ihre terms of trade, verbilligte ihre Rohstoff- und Energieeinfuhrkosten und machte allen Bürgern das Geschenk eines höheren Realeinkommens, eine „Sozialdividende" (Karl Schiller), die man immer dann kassiert, wenn man Auslandswaren kauft oder ins Ausland reist, wo man mit dem günstigen Wechselkurs verbilligt einkaufen konnte.

Du hast die deutsche Aufwertungspolitik schon vor dem Schock des Jahres 1973 zu deiner eigenen gemacht und die „Politik des harten Schilling" (angekoppelt an die harte DM) kreiert. Sie hat uns damals beruflich zusammengebracht und unseren seither nie mehr abgerissenen Dialog begründet. Österreich wurde durch sie gegen die Inflationstendenzen jener Zeit immunisiert.

Doch nach dem Ölschock gingst du über das deutsche Vorbild hinaus und fügtest der Hartwährungspolitik eine zweite wichtige Komponente hinzu: die wachstumsorientierte staatliche Budgetpolitik. Sie war mehr als bloßes, konjunkturstabilisierendes „deficit spending". Sie zielte auf offensiven Umbau der österreichischen Wirtschaft durch staatliche

Hannes Androsch und Wilhelm Hankel – die Statistiken der OECD verzeichnen bis heute keinen größeren Sprung nach vorn

Rahmengesetzgebung und finanzielle Förderung. Der Staat wurde zum Mäzen der Wirtschaft durch aktive Infrastrukturpolitik und finanzielle Investitionsanreize, eine klug durchdachte Mischung aus regionaler und sektoraler Strukturpolitik, finanziert aus Steuereinnahmen und Kreditaufnahmen. Das Defizit im Staatshaushalt erhöhte den Wachstumsspielraum der Volkswirtschaft, und dieser wiederum spülte neues Steuergeld in die Staatskasse und verhinderte so das gefährliche Ausufern der Staatsverschuldung.

Das „österreichische Wirtschaftswunder" jener Jahre bestand darin, dass, während alle Welt (Industrie- wie Drittweltstaaten) mit der Krise kämpfte, Österreich selber den größten Modernisierungsschritt seiner Geschichte machte, die idyllische Alpentourismus-Republik verwandelte sich in eine moderne Industrienation. Die Statistiken der OECD verzeichnen bis heute keinen größeren Sprung nach vorn. Man übertreibt nicht, wenn man feststellt, dass der Grundstein des heute allenthalben in Österreich sichtbaren Wohlstandes damals gelegt wurde und sich bis heute als Dividende auszahlt!

Wie kommt es, dass dieser eminente Beitrag des österreichischen Finanzministers Hannes Androsch zum modernen ökonomischen „policy mix", der Mischung aus staatlicher Währungs- und Fiskalpolitik (laut James Tobin den beiden „Hausmädchen" staatlicher Wirtschaftsaktivität) so wenig Nachhall und Weiterentwicklung in Wissenschaft, Politik und Öffentlichkeit gefunden hat und noch immer findet? Meines Erachtens hängt das weitgehend mit der späten (und fatalen) Welt-Karriere der ersten „österreichischen Schule" der vorletzten Jahrhundertwende zusammen. Die große mikroökonomische Pionierleistung der „Wiener Grenznutzenschule" erlebte im Kampf gegen einen (angeblich) inflationären und fiskalsozialistischen Keynesianismus eine systemwidrige Ausweitung auf Staat und Gesellschaft: das, was heute als „Neoliberalismus" öffentlich etikettiert und durch die Medien popularisiert wird. Doch weder auf den Staat noch die Gesellschaft lassen sich die Gesetze der Unternehmensführung anwenden. Der Grundsatz der „Kostenminimierung" mag marode Unternehmen retten. Auf Staat und Gesellschaft angewendet, bedeuten sie Einkommensvernichtung statt -schaffung. Denn Kosten (welcher Art auch immer) sind immer eines Dritten Einkommen und Einnahmen. Ein Staat, eine Gesellschaft, die sich auf diese Weise zu „sanieren" anschickt, erreicht nur eines: den Selbstruin und die selbst verschuldete Krise. Denn Staat und Gesellschaft sind keine „Firma"!

Der damalige policy mix ist unter den Nachfolgern von Hannes Androsch in den Bann des auch hierzulande den Diskurs beherrschenden Neoliberalismus geraten und als inflationäre Staatsschuldenorgie verteufelt worden. Völlig zu Unrecht. Denn Hannes Androschs angebotswirksame Budgetpolitik enthielt immer eine höchst wirksame Schuldenbegrenzung: die parallele Ausweitung von Kreditaufnahme und Bruttoinlandsprodukt (wirtschaftlichem Wachstum). Die Defizitquote im Haushalt war eine konstante Größe und nie eine grenzenlos wachsende!

Bleibt abschließend zu fragen, wie sich dieser policy mix nach Aufgabe des Schilling zu Gunsten des Euro verhält? Theoretisch könnte der Euro durchaus die Rolle der harten DM und des harten Schilling übernehmen – doch leider nicht in der rauen Wirklichkeit der EU und ihrer Währungsunion.

Instrumental ist die Europäische Zentralbank (EZB) außerstande, mit den Inflationsdisparitäten ihrer Mitgliedsländer fertig zu werden. Eine Bestrafung der Inflationssünder ist weder zins- noch wechselkurspolitisch möglich. (Die Euro-Aufwertung schlägt zudem nur auf die Exporte nach draußen durch, nicht aber auf den Binnenmarkt).

Das Manko der weder zins- noch wechselkurspolitisch möglichen Inflationsbekämpfung führt bereits unter den 15 Eurostaaten zu perversen Realzinsstrukturen. Die strukturschwächsten Länder mit den höchsten Inflations- und niedrigsten Sparraten ködern Schuldner und Investoren mit den niedrigsten (Real-) Kapitalkosten, ein Trend, der sich mit Ausweitung der Eurozone auf die Gesamt-EU und ihre Armutsländer progressiv fortsetzen wird. Das hat bereits dazu geführt, dass die Leistungsbilanzüberschüsse der früheren Hartwährungsländer (Deutschland, Österreich, Niederlande, Finnland) die extremen Defizite der übrigen Währungspartner finanzieren müssen. Der Überhang ihrer Binnennachfrage (Konsum, Investition, Staatsverbrauch) über das eigenerwirtschaftete Bruttoinlandsprodukt macht die europäische Binneninflation endemisch und programmiert ihre Beschleunigung. Diese Politik ist kein Modell für die Welt. Sie bricht mit der EU-Erweiterung zusammen!

Mit der Trennung von Staat und Währung hat sich Europa einen schlechten Dienst erwiesen und dem Androsch'schen policy mix die Grundlage entzogen.

Doch bedeutet das sein Ende? Mitnichten. Mit der Renaissance des (Neo)Keynesianismus kündigt sich seine Wiederkehr und Weiterentwicklung an. (Mein damals für die angelsächsische Welt konzipiertes Buch: „Prosperity amidst Crisis. Austria's Economic Policy and the Energy Crunch" – es ging aus einem Gutachten für Hannes Androsch hervor – ist zwar kein Publikumsbestseller geworden, wohl aber ein Longseller in den politischen Oberseminaren führender US-Universitäten geblieben.)

Lieber Hannes, große Leistungen und Ideen verschwinden nicht. Sie sind unzerstörbar. Du wirst es erleben. Deswegen: Ad multos annos!

Wilhelm Hankel

Geb. 1929 in Langfuhr bei Danzig. Prof. Dr. rer. pol. Deutscher Wirtschaftswissenschaftler und Währungsspezialist. Hankel begann seine Karriere 1952 bei der Bank deutscher Länder, dem Vorläufer der Deutschen Bundesbank. Ab 1967 wurde er im Bundesministerium für Wirtschaft (BMWi) einer der engsten Mitarbeiter von Prof. Karl Schiller. Gastprofessuren führten ihn u.a. an die Harvard-Universität und den Konrad-Adenauer-Lehrstuhl der Georgetown University in Washington (D.C.). Stiftungslehrstuhl der Deutschen Bundesbank für internationale Währungspolitik an der Freien Universität Berlin. Daneben erhielt Hankel zahlreiche internationale Beratungsaufträge der Gesellschaft für Technische Zusammenarbeit (GTZ) und trat als Verfasser zahlreicher Fachbücher und Kommentare immer wieder öffentlich in Erscheinung.

»Die Ehrungen«

»Auch in Zukunft ein engagierter Europäer«

Bundespräsident Heinz Fischer anlässlich der Überreichung des Österreichischen Ehrenkreuzes für Wissenschaft und Kunst I. Klasse an Vizekanzler a. D. Dkfm. Dr. Hannes Androsch

Sehr geehrte Damen und Herren,
lieber Hannes!

Mit großer Freude heiße ich dich, Mitglieder deiner Familie und deine heute hier anwesenden Freunde, Kollegen und Weggefährten zu dieser Feierstunde in der Wiener Hofburg willkommen. Der Gästekreis, der nach deinen Vorschlägen für heute eingeladen wurde, ist ein Spiegelbild deiner vielfältigen Lebensinteressen, die ja weit über das politische und das wirtschaftliche Leben hinausreichen und jene vielen Bereiche umfassen, mit denen der Name „Hannes Androsch" in der öffentlichen Wahrnehmung unseres Landes in Zusammenhang gebracht wird.

Im Jahr 1974, also vor fast dreieinhalb Jahrzehnten, bist du bereits einmal vom österreichischen Bundespräsidenten – damals war es Dr. Kirchschläger – für deine Verdienste um unser Land ausgezeichnet worden.

Im Alter von nur 36 Jahren hast du das Große Goldene Ehrenzeichen am Bande für Verdienste um die Republik Österreich erhalten, weil du damals unserem Land bereits mehr als vier Jahre sehr erfolgreich als Bundesminister für Finanzen gedient hattest, wobei du schon vor Vollendung deines 30. Lebensjahres in den österreichischen Nationalrat gewählt wurdest.

Die Verleihung des Österreichischen Ehrenkreuzes für Wissenschaft und Kunst I. Klasse, das ich dir heute überreichen darf, ist zunächst eine Würdigung außergewöhnlicher Verdienste um das Kultur- und Geistesleben und im Bereich von Wissenschaft und Forschung, die du dir in den letzten Jahren und Jahrzehnten erworben hast.

Da du im heurigen Jahr – am 18. April – dein 70. Lebensjahr vollendet hast, ist diese Auszeichnung aber auch Würdigung eines Lebenswerkes, weil ja besondere Geburtstage immer ein guter Anlass sind, Zwischenbilanz zu ziehen, auf Erreichtes zurückzuschauen und – wenn man als 70-Jähriger so aktiv ist wie du – mit viel Lebenserfahrung auch über Zukunftsperspektiven nachzudenken.

Was dein Lebenswerk betrifft, lieber Hannes, kann ich gewissermaßen als Zeitzeuge dienen, da wir einander bereits seit über 50 Jahren kennen, seit unserem gemeinsamen Engagement in der Sozialdemokratischen Mittelschülerorganisation.

Ich habe ja auch anlässlich des Festes zu deinem 70. Geburtstag die Ehre gehabt, das Wort zu ergreifen und deinen Lebenslauf zu beleuchten. Ich denke an unsere Tätigkeit bei den Sozialdemokratischen Studenten, an einige Jahre gemeinsamer Arbeit im Sekretariat der Sozialistischen Parlamentsfraktion und an deine Tätigkeit als Abgeordneter zum österreichischen Nationalrat ab dem Jahr 1967.

Vor allem auch an deine elfjährige Tätigkeit in den Regierungen von Bruno Kreisky, zuerst als Finanzminister und ab 1976 als Finanzminister und Vizekanzler. Deine zweite Berufskarriere begann dann – wie wir alle wissen – im Jahr 1981, als du als Generaldirektor an die Spitze der CA, einer der bedeutendsten Banken unseres Landes, berufen wurdest. 1989 begann – wenn man so sagen will – deine dritte berufliche Karriere in der Privatwirtschaft. Mit der Gründung der Androsch International Management Consulting GmbH.

Lieber Hannes!

In deiner gesamten beruflichen Laufbahn als Regierungsmitglied, als Bankmanager und als Industrieller galt und gilt deine besondere Aufmerksamkeit immer auch der Wissenschaft und der Kunst.

Hannes Androsch, Heinz Fischer – die Würdigung eines Lebenswerkes

Neben deinem beruflichen Engagement hast du viel publiziert, im In- und Ausland zahlreiche Vorträge gehalten, besonders zu finanzwissenschaftlichen, volkswirtschaftlichen, aber auch zeithistorischen Themen. Du bist Mitglied des Senates der Österreichischen Akademie der Wissenschaften, Vorstands- und Senatsmitglied des Österreichischen Instituts für Wirtschaftsforschung, Senator der Wirtschaftsuniversität Wien, Vorsitzender des Universitätsrates der Montanuniversität Leoben und engagierst dich im Kuratorium des Industriewissenschaftlichen Instituts und im Direktorium der Wiener Konzerthausgesellschaft.

Im Rahmen der von dir errichteten „Stiftung Hannes Androsch bei der Österreichischen Akademie der Wissenschaften" förderst du mit sehr namhaften Beträgen wissenschaftliche Projekte, und mit der Albertina erfreut sich eine ganz besonders wichtige Kulturinstitution unseres Landes deiner tatkräftigen Unterstützung.

Hervorheben möchte ich auch dein Wirken als Proponent der großen Ausstellung anlässlich des 50-jährigen Jubiläums des Österreichischen Staatsvertrages im Jahr 2005. Durch ein erfolgreiches Private-Public-Partnership-Finanzierungsmodell, bei dem der Bund, die Stadt Wien und private Sponsoren zusammengewirkt haben, hast du die materiellen Voraussetzungen für die Umsetzung des Ausstellungsprojektes geschaffen und auch inhaltlich hast du als Präsident des Trägervereins maßgeblich auf die Gestaltung der Ausstellung Einfluss genommen, und dies hat ihr sichtlich gutgetan, wie sich alle überzeugen konnten, die damals diese Ausstellung besucht haben.

Auf internationaler Ebene runden deine Präsidentschaft in der Gesellschaft der Freunde der Universität

Hannes Androsch bei seiner Dankesrede in der Präsidentschaftskanzlei – es wird von entscheidender Bedeutung sein, in Österreich die Dynamik in Forschung und Entwicklung zu erhöhen

Tel Aviv in Österreich und deine Funktion im Vorstand der Europäischen Liga für wirtschaftliche Zusammenarbeit dein Engagement für die Wissenschaft und ihre Pflegestätten ab.

Es freut mich daher, dass ich dir – im Jahr deines besonderen Geburtstages – in Würdigung deines Lebenswerkes, insbesondere deines ehrenamtlichen Einsatzes für wichtige Institutionen und Projekte des Kultur- und Geisteslebens, heute das Österreichische Ehrenkreuz für Wissenschaft und Kunst I. Klasse überreichen kann.

Ich gratuliere dir sehr herzlich zu dieser hohen Auszeichnung und bitte dich, dass du dich auch in Zukunft als engagierter Österreicher und Europäer bestätigst, dem Wissenschaft, Kunst, Wirtschaft und Politik besondere Anliegen sind.

Ich bin davon überzeugt, dass alle Anwesenden und viele Menschen unseres Landes die Auffassung teilen, dass Hannes Androsch ein besonders würdiger Träger des Österreichischen Ehrenkreuzes für Wissenschaft und Kunst I. Klasse ist.

Herzlichen Glückwunsch!

Dr. Hannes Androsch

»Eine Auszeichnung als ›Wake-up-Call‹«

Hochgeschätzter Herr Bundespräsident, lieber Heinz, liebe Margit, meine Lieben, meine Freunde, meine Damen und Herren!

Natürlich freut man sich über eine öffentliche Anerkennung, insbesondere da du es dir nicht nehmen ließest, höchstpersönlich die Verleihung vorzunehmen – ich weiß das ganz besonders zu schätzen, und ich möchte dir dafür ganz aufrichtig und herzlich danken.

Damals im Jahr 1974 wollte ich die Auszeichnung nicht nehmen. Ich habe Kreisky gesagt, das ist doch witzig, ein 36-Jähriger mit dieser Auszeichnung ... Da hat er gesagt: „Na ja, wenn dir der Herr Bundespräsident das schon verliehen hat, dann hol es dir halt ab."

Mit weniger Zurückhaltung und großem Dank nehme ich die jetzige Auszeichnung gerne entgegen – nochmals Dank. Ich möchte aber mit deiner Zustimmung doch den Anlass für einige programmatische Betrachtungen benutzen, weil ich die Auszeichnung gar nicht so sehr als eine persönliche ansehe als vielmehr, zumindest auch, als Hinweis auf die Bedeutung – in vielfacher Hinsicht – von Wissenschaft und Forschung, von Innovation für die wirtschaftliche Entwicklung und für die Lösung nicht geringer anstehender weltweiter Probleme und naturgemäß damit auch von Problemen bei uns, und was es da denn doch alles zu tun gäbe und geben wird. Insofern verstehe ich sowohl die Auszeichnung als auch die Überreichung durch den Herrn Bundespräsidenten als einen Wake-up-Call, als ein Zeichen, das weit über eine Anerkennung und Auszeichnung meiner Person hinausgeht.

Dass von Findungen und Erfindungen und ihrer Umsetzung die zivilisatorische Menschheitsgeschichte begleitet und geprägt war, ist eine Allerweltsweisheit. Das war aber lange vielmehr ein Zufall. Dass es nicht mehr nur Zufall ist, kennzeichnet unter anderem die Neuzeit, die den Aufstieg des Westens, Europas, für vierhundert Jahre – im letzten Jahrhundert Amerikas – gebracht hat; und dass inzwischen andere wieder anknüpfen an das, was sie vielleicht davor schon innovatorisch erreicht hatten: die chinesische Zivilisation, die arabische Zivilisation, um nur zwei davon zu nennen. Die sind auch diesbezüglich in das Weltgeschehen, auf die Weltbühne – in dem Fall die der Wissenschaften – zurückgekehrt.

Einer der ersten und vielleicht bedeutendsten Ökonomen, der Österreicher Joseph Schumpeter, hat auf die Wichtigkeit von Innovationen für die wirtschaftliche Entwicklung hingewiesen. Innovationen wurden von ihm verstanden als ein Prozess, Erfindungen von Produkten in die Wirtschaft umsetzend einzubringen und zu verbreiten. Die Erfindungen allein – das mag genial sein, geht zunächst aber einmal über die Kuriosität nicht hinaus, wofür es viele Beispiele gibt. Die Innovation macht sie erst bedeutsam als Umsetzung, und noch wichtiger dann ist die Verbreitung, die Diffusion dieser Verbreitung, so wie es für das Wissen schlechthin gilt; und die neuen kommunikationstechnischen Gegebenheiten haben das Tempo unglaublich beschleunigt.

Vergessen wir nicht, das ist noch keine 20 Jahre her, dass wir in breiterer Form die Mobiltelefonie haben, das Internet – und das ist erst zehn Jahre her – und dass es das Google mit all seinen Zugriffsmöglich-

BUNDESPRÄSIDENT
REPUBLIK ÖSTERREICH
BEURKUNDET HIEMIT, DASS ER IN AUSÜBUNG DER
IHM VERFASSUNGSMÄSSIG ZUSTEHENDEN BEFUGNISSE
AUF ANTRAG DES BUNDESMINISTERS
FÜR WISSENSCHAFT UND FORSCHUNG
MIT ENTSCHLIESSUNG VOM
6. JUNI 2008
HERRN VIZEKANZLER a.D.
DKFM. DR. HANNES ANDROSCH
DAS
ÖSTERREICHISCHE EHRENKREUZ
FÜR WISSENSCHAFT UND KUNST I. KLASSE
VERLIEHEN HAT
WIEN, AM 6. JUNI 2008

keiten gibt: als Weg für die Diffusion von Wissen. Aber mangelhaft ist der Bereich der Innovation, und es wird für viele Bereiche von entscheidender Bedeutung sein, diese Dynamik zu erhöhen. Nicht von ungefähr hat ein bedeutender – vielleicht der bedeutendste, aber einer der bedeutendsten jedenfalls – Zeithistoriker, Eric Hobsbawm, gemeint, heute lebt – zumindest in den Industriestaaten – ein Durchschnittsbürger besser, als vor zweihundert Jahren ein Monarch gelebt hat. Das ist sozusagen, auf den einfachsten Nenner gebracht, die Wirkung von vielfältigen Innovationen, von systematischer Forschung und Entwicklung und der Umsetzung ihrer Ergebnisse. Und was für diese zurückliegenden Jahre mit dem Ergebnis gilt, gilt erst recht für die vor uns stehende Zukunft.

Da haben wir in Österreich beträchtlichen Nach- und Aufholbedarf. Das beginnt in Richtung Qualifikation schon einmal bei der Bildung: Statt dass die Anstrengungen in den letzten zehn oder zwölf oder dreizehn Jahren größer geworden wären, wurden sie zurückgenommen. 1995 hatten wir einen Bildungsaufwand von 6,1 Prozent, gemessen an der jährlichen Wirtschaftsleistung; jetzt haben wir 5,5 Prozent. Es braucht einen nicht zu wundern – was etwa die Ergebnisse der PISA-Studie betrifft. Es braucht einen nicht zu wundern, dass jeder fünfte Abgänger des Polytechnischen Lehrganges Analphabet ist und nicht „lehr-fähig" ist. Die Lehrwerkstätten, wie etwa bei Böhler, müssen neue Lehrlinge erst in Lesen, Schreiben, Rechnen ausbilden, bevor sie zur eigentlichen Lehre kommen können.

Was für den Bildungssektor ganz allgemein gilt, gilt in besonderem Maße für die Universitäten: Wir haben einen Aufwand von 1,2 Prozent; zwei Prozent, gemessen am Bruttoinlandsprodukt, wären noch keine Übertreibung ... Wir haben nicht einmal den halben Aufwand der Schweizer Eidgenossenschaft. Die ETH Zürich hat ein fünf Mal so großes Budget wie die TU Wien. Das Gleiche gilt für die TU Graz im Verhältnis zur ETH Lausanne. Wir stehen in Konkurrenz mit München, mit Karlsruhe, mit Göttingen, mit Aachen, um nur einige zu nennen. Ich spreche gar nicht von Cambridge oder gar von den bedeutenden amerikanischen Universitätsstädten. – Und auch noch nicht von Japan, und inzwischen auch China oder Indien. Ich erinnere nur an das Indian Institute of Technology – nur, um zu wissen, was sich weltweit abspielt. Daher ist es so wichtig, dass wir auch ARC – oder künftig: AIT – vulgo Seibersdorf auf die Schiene bringen; und dass auch unsere kleine Boutique-Universität in Leoben eine höhere Ausstattung hat, weil dreißig Millionen Jahresbudget ist wahrlich nicht die Welt, wobei die Uni sich ein Drittel davon durch Drittmittel selber erwirtschaftet. Wir müssen uns klar darüber sein, dass wir, wenn wir Professoren berufen wollen – die in vielen Gebieten sowieso eine Knappheit darstellen –, diese nicht kriegen, wenn wir nur die Hälfte von dem zahlen, was sie in Göttingen oder Karlsruhe oder wo immer – diesbezüglich ganz zu schweigen von der ETH Zürich – bekommen können.

Daher, meine ich, muss uns klar sein, dass wir hier sehr viel mehr und sehr rasch sehr viel mehr machen müssen, wenn wir nicht stillstehen oder, noch schlimmer, zurückfallen wollen. Wir haben jetzt schon wieder seit Jahren – das haben wir in den 70er Jahren drehen können – statt eines „brain gain" einen „brain drain": Junge, hochqualifizierte, exzellente Wissenschaftler, Forscher müssen ins Ausland gehen – nicht wegen des Geldes, sondern weil sie dort ganz andere Möglichkeiten vorfinden.

Es soll sich niemand – schon gar nicht der Finanzminister – auf eine angespannte Situation ausreden. Der Fiskus hat aus der gestiegenen kalten Progression in diesem Zeitraum sechs Milliarden mehr Einnahmen erzielt. Aber die Finanzierung des dringend notwendigen Bildungsaufwandes muss nicht zu Lasten dieser Mehreinnahmen erfolgen. Die Regierung muss endlich den Mut haben, den Verwaltungsaufwand zu korrigieren, und mit dem Regulierungs- und Vorschriftenwahn aufhören. Sich bei der Finanzierung des Verwaltungsaufwandes dem Niveau internationaler Beispiele anzupassen, würde ein beträchtliches Potenzial zur Gegenfinanzierung freisetzen, denn inzwischen ist es zu meinem ceterum censeo geworden: *educare et innovare necesse est*. Herr Bundespräsident, ich bedanke mich recht herzlich.

Dankesrede – Auszug

»Wer nicht sät, kann nicht ernten«

O. Univ.-Prof. Friedrich Schneider anlässlich der Verleihung der Würde eines Doctor honoris causa der Universität Bratislava an Hannes Androsch (Auszug)

Als Wirtschaftswissenschaftler möchte ich drei Themen herausgreifen, bei denen Dr. Hannes Androsch als junger Finanzminister in den 70er Jahren bemerkenswerte Leistungen, sowohl im Wissenschaftlichen als auch in der praktischen Umsetzung finanz- und wirtschaftspolitischer Ideen, erbracht hat.

1. Hartwährungspolitik: Dr. Androsch hat schon in den frühen 70er Jahren eine Hartwährungspolitik betrieben, indem er de facto den Schilling, der sehr lang einen Kurs 1 DM – 6 S hatte, auf 7 Schilling abwertete und dann dafür sorgte, dass die S-DM-Relation 1:7 hält. Geschickt fädelte er ein, dass sowohl der ÖVP-Politiker Koren als auch der Gewerkschaftsführer Benya dieser Hartwährungspolitik zustimmten, sodass zum einen für die österreichische Exportindustrie das Wechselkursrisiko stark vermindert wurde bzw. nicht gegeben war und zum anderen durch diese Hartwährungspolitik die Inflation sich in Grenzen hielt; eine frühe und sehr schlaue Politik, die ja auch später von Österreich mit großem Erfolg bis zur Einführung des Euro praktiziert wurde.

2. Keynesianer: Als Hannes Androsch Finanzminister wurde, hatte er in den frühen 70er Jahren das Budget konsolidiert – und er befolgte die Politik von Keynes: Spare in den guten Zeiten, sodass du Geld für schlechte Zeiten hast. Den ersten Erdölpreisschock im Jahr 1973 fing er durch eine Budgetausweitung und ein damit verbundenes Budgetdefizit auf. Als die Krise vorbei war, reduzierte er bis zum Jahr 1976 das Budgetdefizit wieder auf 2,5 %. Hannes Androsch hat damit bewiesen, dass er Keynes wirklich in allen Facetten ernst genommen hat und nicht nur das beliebte keynesianische Deficit-Spending durchgeführt hat, sondern das Defizit in guten Zeiten wieder reduzieren konnte bzw. vor der ersten Erdölkrise die Voraussetzungen dafür geschaffen hat, dass der Staat rasch mit entsprechenden Mitteln handeln konnte. Dies war ein Grund, warum die wirtschaftliche Entwicklung, insbesondere auf dem Arbeitsmarkt, in Österreich seit Mitte/Ende der 70er Jahre besser verlief als im Nachbarland Deutschland. Hannes Androsch hat sich auch nicht gescheut, unpopuläre Maßnahmen wie das zweite Abgabenänderungsgesetz im Jahr 1976 zu ergreifen, in dem doch einige Steuererhöhungen beschlossen wurden, das aber der SPÖ bei den Nationalratswahlen keine Wählerstimmen kostete; im Gegenteil konnte die Mehrheit sogar ausgebaut werden. Auch an diesem Beispiel zeigt sich Dr. Androsch als unkonventioneller, geradlinig handelnder Politiker.

3. „Sparen": Seine wirtschaftspolitische Haltung zum Thema Sparen hat Dr. Androsch bis heute beibehalten. Die Frage „Sparen Sie?" eines „Kurier"-Journalisten zum Weltspartag im Jahr 2007 beantwortete Dr. Androsch wie folgt: „Dazu muss man erst einmal das Wort definieren. Wenn Sparen heißt, nicht die ganze Ernte zu verbrauchen, sondern genügend für die Aussaat einer neuen Ernte zurückzubehalten, dann ist es sinnvoll. Sparen nur als Konsumverzicht – wie ein Eichkätzchen, das dann seine Sachen nicht mehr findet –, das ist Idiotie. Zusammenfassend: Wer nicht sät, kann nicht ernten. Wer nicht spart, kann nicht säen."

Auch an diesem Statement erkennt man sehr gut die konsequente wirtschaftspolitische Haltung unseres Jubilars. Ich würde mir wünschen, dass sie genauso konsequent von der jetzigen Bundesregierung eingenommen würde.

Hannes Androsch war nicht nur als Generaldirektor der Creditanstalt äußerst erfolgreich, er hat auch ein Industrieimperium aufgebaut und damit in Österreich

Nach dem akademischen Zeremoniell unterstreicht der neue Ehrendoktor der Universität Bratislava die Bedeutung gut gelebter Nachbarschaft – die gemeinsame Währung gewährt im stürmischen Meer der Weltfinanzen Verankerung und Stabilität. Wichtig für die Zukunft Europas ist eine engere wirtschaftspolitische und finanzpolitische Koordination, die weit über die Fixierung auf die Maastricht-Eckpunkte hinausgehen muss – zwischen der Slowakei und Österreich gibt es schon viele Bezugspunkte. Das Potenzial einer besseren Nutzung der gemeinsamen Region ist in beiderseitigem Interesse und noch bei weitem nicht ausgeschöpft.

etliche tausend Arbeitsplätze geschaffen. Er hat gerade in Bereiche investiert, wo von vornherein keineswegs klar war, dass diese Unternehmen wirtschaftlich erfolgreich sein werden. Mit viel Beharrungsvermögen, aber auch mit kühnen Visionen ist es ihm gelungen, eine neue Karriere als erfolgreicher Wirtschaftsunternehmer zu starten.

Abschließend ein paar Worte über den Menschen Dr. Hannes Androsch. Lassen Sie es mich alemannisch sagen, ich komme ja vom Bodensee: „Dr. Androsch ist ein Mensch, eine Persönlichkeit mit Ecken und Kanten." Er ist eine Persönlichkeit, die sich nicht scheut, ihre Meinung zu sagen, die Kritik und Widerspruch provoziert, ja man hat den Eindruck, dies liebt er geradezu, und er ist jemand, der seinen Prinzipien treu bleibt und der, wenn er sich für eine Sache einsetzt, sie auch durchzieht. Ich bin überzeugt, Dr. Hannes Androsch hat die Verleihung zum Ehrendoktor mehr als verdient, denn er ist einer der ganz wenigen Politiker, die Finanz- und Wirtschaftspolitik nicht nur vom Studium und Lehrbuch kennen, sondern auch ganz konsequent umgesetzt haben. Ich bin überzeugt, dass wir noch viel von Ihnen, Herr Dr. Androsch, hören werden, und ich kann Ihnen nur raten, bleiben Sie weiterhin aktiv. Lassen Sie sich zum Schluss zur Verleihung der Ehrendoktorwürde auch von mir persönlich ganz herzlich gratulieren.

»Ein selbstbestimmtes Leben führen«

O. Univ.-Prof. Dr. Wolfhard Wegscheider zur Verleihung der Würde eines Ehrensenators der Montanuniversität an Hannes Androsch

Gleich zu Anfang sei einmal Dank gesagt für die Einladung des Herrn Pfarrer, unsere heutige akademische Feier in der Stadtpfarrkirche von Leoben unter dem „Iota-Eta-Sigma"-Zeichen der Jesuiten (IHS – Iesum Habemus Socium/Wir haben Jesus als Gefährten) abzuhalten. Er weiß noch nicht, was er da losgetreten hat, denn nächstes Studienjahr bauen wir den Hörsaaltrakt mit dem Auditorium maximum um, und da brauchen wir dann wirklich eine Ausweiche für unsere akademischen Feiern.

Für mich stellt der heutige Rahmen eine sehr sinnige Ortswahl dar, können wir so nicht nur durch die gemeinsame Gestaltung des Abends unseren Dank für das Wirken des Pfarrers in der Hochschulseelsorge ausdrücken, sondern auch dem Genius Loci unsere Reverenz erweisen, hatten doch die Jesuiten in Leoben die erste höhere Schule – zuerst unter dem großen Missfallen der Bürger – begründet. Dieses Missfallen der Bürger ist Gott sei Dank keine Gemeinsamkeit der Montanuniversität mit den Jesuiten.

Herr Dr. Androsch, die Universität gratuliert zuallererst zur heute von der Stadt Leoben verliehenen Ehrenbürgerschaft und ich möchte hinzufügen, dass es genau 165 Jahre her ist, dass Peter Ritter von Tunner Ehrenbürger von Leoben wurde.

Hochansehnliche Festversammlung!

Wenn die Universität eine so hohe Würde verleiht, dann ist das immer deshalb, weil der Geehrte oder auch die Geehrte in einer besonderen Weise mit der Universität verbunden ist. Natürlich ist das im gegenständlichen Falle einmal eine sehr offensichtliche Verbundenheit: Dr. Androsch ist seit mehr als fünf Jahren Vorsitzender des Universitätsrates und auch bereit, dies weitere fünf Jahre zu bleiben. Zugrunde liegt dieser offensichtlichen Verbindung aber mehr, nämlich eine gewisse Korrespondenz von Zielen, Werten und Anliegen. Diesen besonderen Wesenszügen von Dr. Androsch, von denen unsere Verbundenheit mit dem neuen Würdenträger getragen ist, möchte ich heute auch besondere Aufmerksamkeit zuteil werden lassen. Da ist – dem Anlass entsprechend – einmal sein hohes Maß an Interesse an akademischen Fragen, Entwicklungen und Aktivitäten zu nennen. Nicht nur in Leoben weiß man davon, auch die Akademie der Wissenschaften oder die Universität Bratislava wissen und schätzen dieses Interesse. Von sich selbst sagte er unlängst, dass seine wichtigsten Startvorteile die gute Bildung, Ausbildung und Weiterbildung waren. In seinen Karrieren als Politiker, Banker und Industrieller war zweifellos entscheidend, dass er sich mit großer Gründlichkeit in die jeweiligen Spezialmaterien einarbeiten konnte. Noch wichtiger aber war zweifellos, dass damit nie der Blick für das Ganze verloren ging.

Und hier ist es auch angebracht, Sie alle vor einer Entwicklung zu warnen, die den Universitäten heute gerne abverlangt wird, nämlich die Bildung nicht mehr als öffentliches Gut, als Beitrag der Universität zum Gemeinwohl zu sehen, sondern als Mittel zu dem Zweck, Studierende möglichst unmittelbar „für einen Job brauchbar" zu machen. In der Fachsprache heißt dies heute „Beschäftigungsfähigkeit" oder „employability". Wir glauben, dass wir mit unserer bewährten Ausbildung an der Montanuniversität nicht nur Beschäftigungsfähigkeit, sondern viel mehr erreichen: die Fähigkeit, ein selbstbestimmtes Leben zu führen.

Doch zurück zum Würdenträger: Eine zweite wesentliche Begabung mit Bezug zur Universität besteht in seiner konsequenten und höchst wirksamen Förderung des Nachwuchses. Was muss dies für ein tief verwurzeltes Credo von ihm sein, hat er das ja nicht erst seit Kurzem als wichtig erkannt, sondern schon als sehr junger Mann war er dafür bekannt, dass er noch Jüngere konsequent und erfolgreich fördert.

Vom Jesuitenkolleg zum akademischen Senat – Bildung als öffentliches Gut und Beitrag der Universität zum Gemeinwohl

Nicht immer haben ihm das die Geförderten aber langfristig gedankt, und solches gehört wohl zu den schmerzlichen Erkenntnissen in seiner langen Karriere. Dabei ist natürlich Leistung gefordert, eine weitere Parallele. Vieles, was Hannes Androsch leistet, tut er auf Basis seines Selbstverständnisses als Citoyen im Sinne des großen Aufklärers Rousseau. Jemand, der aktiv und eigenverantwortlich am öffentlichen Leben teilhat. Hier ist er global orientiert, aber auch lokal sehr wirksam. Sich dabei um die Menschen zu sorgen und zu kümmern, hat für ihn nichts mit Caritas zu tun, sondern dies pflegt er als Grundprinzip einer „civitas", des menschlichen Zusammenlebens, das nach Zuspruch, Aufmunterung und gelegentlich auch nach Trost ruft. Für uns an der Montanuniversität, besonders natürlich für das Rektorat, sind seine Umsetzungsfreude und seine Umsetzungskraft ein wichtiger Motor der Universitätsentwicklung geworden. Es ist zwar beruhigend zu wissen, dass wir gute Jahre hinter uns haben, es ist aber viel wichtiger, dass wir gute Jahre vor uns haben. Und was hindert uns, in den nächsten Jahren so erfolgreich zu sein, dass Hannes Androsch mit der Entwicklung unserer Universität im 21. Jahrhundert so in Verbindung gebracht wird wie Erzherzog Johann mit ihrer Gründung im 19. Jahrhundert?

Ich weiß schon, manche werden das übertrieben finden. Doch hin und wieder können für Visionen der Zukunft mit Erfolg Anleihen in der Vergangenheit genommen werden. Auch für mich gilt zur Bekräftigung dieser Absicht jetzt das schon klassische „Hic constiti".

Womit wir beim Thema des Abends wären.

Glück auf!

Seine Magnifizenz, der Rektor der Montanuniversität Leoben, und der neue Würdenträger – das hohe Maß an Interesse an akademischen Fragen

»Ehrungen im Doppelpack«

Der Ehrenbürger mit Urkunde, flankiert von Bürgermeister Matthias Konrad (links) und dem Rektor der Montanuniversität Wolfhard Wegscheider

Hannes Androsch, Sohn Gregor und der Bischof der Altkatholischen Kirche in Österreich Johannes Okoro

Vormittags zum Ehrenbürger der Stadt Leoben ernannt, abends zum Ehrensenator der Montanuniversität bestellt – die mediale Würdigung dieser öffentlichen Anerkennungen nimmt Anleihen bei der Fußballsprache: „Doppelpass für Hannes Androsch" titelt die „Kleine – große – Zeitung" der Steiermark.

„Hannes Androsch ist ein würdiger Träger dieser höchsten Auszeichnung unserer Stadt", hält Bürgermeister Matthias Konrad in seiner Ansprache fest.

Hannes Androsch ist Vorsitzender des Universitätsrates der Montanuniversität und dadurch ein wichtiger Garant für die Absicherung des Universitätsstandorts Leoben.

Gemeinsam mit dem ehemaligen Vorstandsvorsitzenden der AT&S Gruppe, Willibald Dörflinger, hat sich Hannes Androsch um die Erhaltung des Leiterplattenwerks in Hinterberg entscheidende Verdienste erworben. Dadurch wurde ein nachhaltiger Beitrag zur Verbesserung der Arbeitsmarktsituation in der Stadt und in der Region Leoben geleistet.

In den letzten Jahren hat sich AT&S zu einem Global Player mit Betriebsstätten in China und Indien entwickelt.

„Jede Ehrung soll auch eine Symbolik haben. Ich sehe die Ernennung zum Ehrenbürger vor dem Hintergrund einer gelungenen Kombination aus Stadt und Universität, industrieller Leistungsfähigkeit und sozialer Verantwortung", philosophiert Hannes Androsch in seiner Dankesrede.

»Ein Zeichen für die private Förderung der Wissenschaft«

Verleihung des Ehrenringes der Österreichischen Akademie der Wissenschaften an Vizekanzler a. D. Dr. Hannes Androsch durch den Präsidenten der Akademie, Univ.-Prof. Dr. Peter Schuster

Meine Damen und Herren,
ich darf Ihnen jetzt den heute zu Ehrenden, Herrn Dr. Hannes Androsch, vorstellen. Eigentlich heißt dies „Eulen nach Athen tragen", denn wem im Auditorium wäre Hannes Androsch nicht schon längst ein Begriff. Dennoch möchte ich die Stationen auf seinem bisherigen Lebensweg hervorheben.

1938 geboren, maturierte Hannes Androsch im Jahr 1956, studierte anschließend an der damaligen Hochschule für Welthandel, wo er 1959 das Diplom erwarb und 1968 zum Doktor der Wirtschaftswissenschaften promovierte. Seit 1959, sofort nach dem Erwerb des Diploms, war Androsch als Wirtschaftsprüfer tätig, er wurde 1966 zum Beeideten Buchprüfer und 1968 zum Beeideten Wirtschaftsprüfer und Steuerberater ernannt. So weit bahnt sich für Dr. Androsch eine erfolgreiche Karriere mit einer eigenen Steuerberatungskanzlei an.

Gleichzeitig war Androsch aber auch ein ungemein erfolgreicher und engagierter Politiker. Seit seiner Jugend war und ist er für die Sozialdemokratie Österreichs tätig. Schon während der Mittelschulzeit war er Obmann der Gruppe Floridsdorf des Verbandes Sozialistischer Mittelschüler und er blieb seiner politischen Richtung stets treu. Was folgte, war die fulminante Karriere eines aufstrebenden Jungstars in der Politik, die die meisten von uns miterlebt haben: 1967 Abgeordneter zum Nationalrat, 1970 Finanzminister – damals jüngster Finanzminister der Zweiten Republik –, 1976 Vizekanzler bis 1981. Androsch nahm daneben auch internationale Funktionen wahr: 1979 Vorsitzender der OECD auf Ministerebene und 1980 Vorsitzender des Interimskomitees des Weltwährungsfonds.

Nach dem nicht ganz freiwilligen Rückzug aus der Politik beginnt Dr. Androsch eine dritte Karriere als Mann der Finanz, Wirtschaftstreibender und Unternehmer. 1981 bis 1988 ist er Generaldirektor der Creditanstalt-Bankverein, 1988–1989 Konsulent der Weltbank, 1989 folgt die Gründung der AIC Androsch International Management Consulting, in den 90er Jahren erfolgt schließlich der Aufbau einer industriellen Beteiligung, die unter anderem auch die Salinen des Salzkammerguts umfasst.

Ich habe gehört, dass Hannes Androsch, der das Ausseer Land lieb gewonnen hat, auch als „Salzbaron" bezeichnet wird und dass er diese Bezeichnung gar nicht so gern hören soll. Neugierig und gewohnt zu recherchieren, habe ich nach dem „Salzbaron" gesucht und neben Hinweisen auf unseren heute Geehrten auch etwas enttäuscht gefunden, was noch diesen Namen trägt: „Der Salzbaron. Automatische Wasseraufbereitung mit Salz", eine Anlage für Schwimmbäder. Da ist uns, möchte ich mit Nachdruck betonen, der „Salzbaron" aus Fleisch und Blut schon viel lieber – und wir verstehen, dass er so gar kein „Salzbaron" sein will.

Noch zwei Stationen aus jüngerer Zeit im bisherigen Leben von Hannes Androsch: 2003 wird er Vorsitzender des Universitätsrates der Montanuniversität Leoben, 2008 wird ihm das Ehrendoktorat der Hochschule für Rechtswissenschaften in Bratislava verliehen. Die vielen Auszeichnungen aufzuzählen, die Herr Dr. Androsch erhalten hat, muss ich mir sparen – es würde zu lange dauern.

Allein die Stationen seines bisherigen Lebens sind schon beeindruckend: Steuerberater und Wirtschaftsprüfer, Politiker, zu seiner Zeit jüngster Finanzminister

Prof. Peter Schuster – in zweifacher Weise zu Dank verpflichtet

der Republik, Generaldirektor der größten Bank Österreichs, Wirtschaftstreibender und Unternehmer, Mäzen für die Wissenschaft. Für mich noch prägender erscheinen aber sein simultanes Engagement für Wirtschaft und soziale Belange und seine klaren Aussagen zu den Tagesproblemen. Beispielsweise, wenn er „vom ungeheuren Apparat zur Verteilung des finanziellen Mangels" spricht oder der Satz: „Wenn die Industrie nichts erwirtschaftet, erübrigt es sich, über Gleichverteilung, gerechte Verteilung oder Umverteilung zu sprechen."

Aus jüngster Zeit – noch vor dem heurigen Sommer – erscheint mir sein Eintreten für einen „Great Deal für Österreich" als zukunftsweisend. Die ernste Situation der Finanzwelt und möglicherweise auch der Weltwirtschaft erfordert eine engere Zusammenarbeit der Sozialpartner, wie sie im Österreich der Nachkriegszeit so erfolgreich war.

Die Österreichische Akademie der Wissenschaften ist Herrn Dr. Androsch in zweifacher Weise zu Dank verpflichtet. Zum Ersten hat er eine schon erwähnte großzügige Stiftung ins Leben gerufen, die als Hannes Androsch Stiftung bei der Akademie eingerichtet und am 21.6.2004 gegründet wurde. Zweck dieser Stiftung ist es, im Zusammenwirken mit der Akademie wissenschaftliche Forschungen zu den Themenschwerpunkten Arbeit und Festigung des sozialen Ausgleichs und Friedens zu fördern. Die Stiftung trägt bereits Früchte und es wurde ein Hannes Androsch Preis ausgelobt, der für Arbeiten gedacht ist, welche sich der simultanen Lösung von wirtschaftlichen und gesellschaftlichen Problemen widmen. Die Hannes Androsch Stiftung ist, wie schon gesagt, die bedeutendste von privater Hand getragene gemeinnützige Stiftung zur ausschließlichen Förderung von Wissenschaft und Forschung in Österreich seit 1945. Herr

Zum ersten Mal wird der Ehrenring der Österreichischen Akademie der Wissenschaften verliehen – Peter Schuster, Präsident der Akademie, Hannes Androsch, der erste Träger des Ehrenrings, und Akademie-Vizepräsident Herbert Matis

Dr. Androsch sagte gesprächsweise zu mir, dass er die Stiftung unter anderem auch deshalb ins Leben gerufen hat, um in Österreich ein Zeichen zu setzen für die private Förderung der Wissenschaft, wie sie in den anderen, vor allem in angelsächsischen Ländern, üblich und äußerst wirkungsvoll ist. Wir hoffen auf und bemühen uns um weitere Mäzene, die dem Beispiel Hannes Androschs folgen.

Georg Stingl, Erich Streissler

Als steter Unterstützer der Österreichischen Akademie der Wissenschaften gehört Herr Dr. Androsch auch unserem Senat an. Wir sind ihm für seine tatkräftige Mitarbeit zu großem Dank verpflichtet. Im vergangenen Jahr 2007 war der Senat aufgerufen, dem Präsidium Ratschläge für die Akademiereform zu geben und insbesondere bei der Ausarbeitung einer neuen Satzung und Geschäftsordnung der Akademie mitzuhelfen. Herr Dr. Androsch hat durch seine klaren Aussagen höchst wichtige und wertvolle Anregungen gegeben. Wir haben ihm dafür herzlich zu danken und bitten ihn, der Akademie auch in Zukunft seine Unterstützung angedeihen zu lassen.

»Wir brauchen Innovationsdynamik«

Hannes Androsch: Bildung, Wissenschaft, Forschung und hohe Innovationsdynamik – Standortfaktoren im globalen Wettbewerb

Hochgeschätzter Herr Präsident!
Es ist sicherlich etwas ganz Besonderes, der Erste zu sein, an den der Ehrenring der Akademie der Wissenschaften verliehen wird. Insofern kommt dieser Auszeichnung im Rahmen der Ehrungen, die ich in meinem Leben erfahren durfte, zusätzlich ein spezifischer Stellenwert zu.

Ich sehe diese Auszeichnung auch als eine Anerkennung der Bemühungen all jener, die sich in unserem Land für ein verbessertes, zukunftsorientiertes Bildungssystem und im Besonderen für den Ausbau von Wissenschaft und Forschung und für die Förderung von Innovationen einsetzen, vor allem auch weil das gewaltige Potenzial von neuem Wissen und von neuen Innovationen neben der philosophischen Erkenntnis- und Wahrheitssuche eine immer wichtiger werdende Ressource für wirtschaftliches Wachstum und damit Prosperität, gleichzeitig aber auch für die Lösung von vielen der sich abzeichnenden weltweiten Probleme der Menschheit ist.

Ein hochqualitatives Bildungswesen, ein exzellentes Wissenschafts- und Forschungswesen sowie eine hohe Innovationsdynamik stellen im globalen Wettbewerb mittlerweile essenzielle wirtschaftliche Standortfaktoren dar.

Allen pessimistischen Unkenrufen zum Trotz gibt es keinen Grund anzunehmen, dass der technische Fortschritt in absehbarer Zukunft an seine Grenzen stößt. Vielmehr besteht ein gewaltiges Potenzial für neues Wissen und damit für neue Innovationen und in der Folge neue Problemlösungsmöglichkeiten.

Herr Präsident, meine Damen und Herren, lassen Sie mich in Anbetracht der Allegorie des Deckenfreskos in diesem wunderschönen Saal mit einem Hinweis aus der griechischen Mythologie schließen: Prometheus brachte den Menschen das Feuer und leitete als ihr Lehrmeister den Beginn der Zivilisation ein. Heute liegt es an uns, einen neuen prometheischen Akt zu setzen und Bildung, Wissenschaft, Forschung und Innovationen als wirksame Hebel für wirtschaftliche Prosperität bei gleichzeitigem Natur- und Umweltschutz, Wohlstand und die Überwindung vieler Geißeln und ungelöster Probleme der Menschheit zu fördern.

Carl Djerassi

»Berufliche Polygamie: Tugend oder Sünde?«

Carl Djerassi – ein Lobgesang auf die Polygamie

Obwohl der jetzige Präsident der Akademie ein Chemiker ist, glaube ich doch, dass es riskant ist, einen Chemiker – insbesondere einen Organiker – zu einer Festrede für einen sehr bekannten Österreicher einzuladen, der ein Wirtschaftswissenschaftler ist und nicht ein Chemiker. In unseren akademischen Vorträgen gebrauchen wir Organiker immer die Piktographie der Formeln – öfters sehr komplizierte –, die kaum anderen Chemikern und ganz sicher nicht Mitgliedern eines generellen Publikums bekannt sind. Als Beispiel zeige ich Ihnen hier, wie Carl Djerassi, der Steroidchemiker, anderen Steroidchemikern die erste Synthese eines oralen Verhütungsmittels („die Pille") beschreiben würde. Ein kurzer Blick wird fast alle davon überzeugen, dass Sie nicht wirklich etwas über Chemie hören wollen. Eine Laudatio wird ja auch nicht von mir erwartet, da ich Herrn Androsch kaum persönlich kenne und es doch keinen Sinn hätte, einfach zu beweisen, wie gut ich Google oder ähnliche Quellen plagiieren kann. Also erlauben Sie mir, mit einer Erklärung anzufangen, warum ich eigentlich hier vor Ihnen erscheine.

Herr Androsch ist nicht nur ein berühmter österreichischer Wirtschaftswissenschaftler, er ist auch ein sehr erfolgreicher Industriemagnat, ein Staatsmann und ein großzügiger Mäzen – also beruflich ein Polygamist. Und da ich selbst immer stolz darauf gewesen bin, polygame Tendenzen in meinem professionellen Leben zur Schau zu stellen, möchte ich dieses Thema für heute Abend auswählen. Auf unserer Seite des Atlantischen Ozeans werden Ehrendoktorate im Rahmen von Absolventenfeiern verliehen, wo alle – Studierende und Lehrende – mit Talaren behängt sind und wo einer der zu Ehrenden eine für die gesamte Versammlung – darunter auch die Eltern der Absolventen – inspirierende Rede zu halten hat. Vor ungefähr zehn Jahren habe ich eine solche Rede an der University of Maryland unter dem Titel „Ein Lobgesang auf die Polygamie" gehalten. Erlauben Sie mir, ein paar Sätze in deutscher Übersetzung zu zitieren.

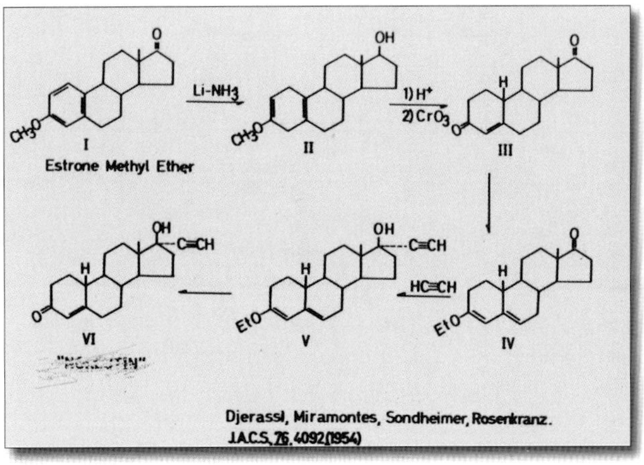

Was ich hier propagieren möchte, ist intellektuelle Polygamie in einer Zeit, in der intellektuelle Monogamie – mein Synonym für Überspezialisierung – überhandnimmt. Je höher man in der Ausbildung kommt, im Bereich von Master und Doktorat mit ihrem intensiven Fokus auf Spezialisierung, desto mehr verwandelt man sich in einen intellektuell monogamen Menschen. Aber im Unterschied zur ehelichen Monogamie hat ihr intellektuelles Gegenstück nur geringe Tugenden, und wer diese Tendenz zur überwältigenden Überspezialisierung am Ende seiner Ausbildung nicht aktiv bekämpft, findet möglicherweise heraus, dass es in den darauf folgenden Jahren dafür zu spät ist. Mit anderen Worten: Verunglimpfen Sie nicht die intellektuelle Promiskuität, denn der gesellschaftliche Druck wird Sie in die Gegenrichtung drängen – die Zwangsjacke einer engen Spezialisierung: immer mehr über weniger und weniger zu wissen.

In meinem eigenen Leben war ich nicht nur als Chemiker polygam – in dem ich fast immer zur gleichen Zeit an sehr verschiedenen Forschungsthemen gearbeitet habe –, sondern auch, weil ich seit den 50er Jahren zur gleichen Zeit an der Universität und in der Industrie tätig war, was bis 1980 bei uns in Amerika sehr selten der Fall gewesen ist. Vor 20 Jahren habe ich angefangen, meine polygamen Tendenzen auf ein viel weiteres Gebiet zu übertragen, indem ich mich entschlossen habe, ein seriöser Romancier und Theaterautor zu werden. Der Beweis für mein Engagement in diesem neuesten Beruf ist die Tatsache, dass ich seit 1988 fünf Romane und acht Theaterstücke geschrieben habe. Anstatt die teilweise sehr traumatischen persönlichen Gründe zu erwähnen, die mich zu diesem Entschluss brachten, soll es reichen, hier festzustellen, dass meine literarischen Bemühungen von meinem Wunsch ausgelöst wurden, ein intellektueller Schmuggler zu werden, der naturwissenschaftliche Zusammenhänge oder, noch wichtiger, die Kultur der Naturwissenschaften und das Verhalten ihrer Vertreter der Öffentlichkeit im Kleide realistischer Belletristik präsentiert, die ich „Science-in-Fiction" nannte, um sie von der konventionellen Science-Fiction zu unterscheiden. Ich wollte, dass Leute solche Bücher lesen, um sich zu amüsieren, aber dann am Ende finden, dass sie zur gleichen Zeit auch so allerlei gelernt haben. Vier dieser „Science-in-Fiction"-Romane, die ich in den 90er Jahren geschrieben habe, die aber schon vergriffen waren, sind vor ein paar Jahren in zwei Bänden unter den Titeln „Stammesgeheimnisse" und „Aufgedeckte Geheimnisse" beim Innsbrucker Haymon Verlag wieder erschienen, und es ist der letzte Roman mit dem einfachen Titel „NO", über den ich Weiteres zu sagen habe. Ich bin der Akademie sehr dankbar für die Großzügigkeit, heute ein Exemplar dieses Buchs nicht nur Herrn Androsch, sondern auch allen anderen Anwesenden in diesem Saal zu schenken.

Signierstunde mit Carl Djerassi in der Österreichischen Akademie der Wissenschaften – wieso kümmert ihr Männer euch eigentlich nie um eure Rolle bei der Fortpflanzung?

Warum habe ich mich für „NO" für diesen Abend entschieden?

Wie ich schon im Vorwort dieses Bandes darstellte, ist ein wichtiger Punkt der menschlichen Fortpflanzung – ein Thema, mit dem ich mich schon seit Jahrzehnten als Naturwissenschaftler beschäftige – das Fehlen einer „Pille für Männer"; und ich bin zunehmend pessimistisch, dass jemals ein Verhütungsmittel für den Mann entwickelt werden wird, wenn man bedenkt, dass die künftig bestehende Möglichkeit, Eizellen und Sperma zu lagern, gekoppelt mit einer Sterilisation, Verhütungsmittel in nicht allzu ferner Zukunft überflüssig machen könnte.

Doch gibt es aber bereits eine „Pille für Männer" in Form von Viagra, nur dass es dabei um sexuelle Leistung und nicht um die Kontrolle der Fruchtbarkeit geht. In meinem letzten Roman, „NO", beschäftige ich mich mit dieser Frage und anderen Ansätzen bei der Behandlung der männlichen Impotenz. Und ich muss gleich sagen, dass meine Wahl dieses Themas nicht mit dem Altersdurchschnitt des heutigen Publikums verbunden ist, sondern in einem realistischen Kontext im Rahmen eines typischen Biotechunternehmens – wie sie in meinem persönlichen geografischen Umfeld des Großraums San Francisco so zahlreich vertreten sind – steht.

„NO" erzählt die Geschichte einer Forschung, von der ersten Idee bis zur Zielsetzung, vom ersten Laborexperiment bis zum Selbstversuch, von der Geldbeschaffung und assoziierten Rechtsstreiten bis zum fertigen Präparat in der Apotheke. Zur gleichen Zeit habe ich auch etwas über den biochemischen Mechanismus von Viagra und andere ähnliche Medikamente zu sagen.

Jetzt möchte ich einige Passagen aus „Aufgedeckte Geheimnisse" vorlesen, um zu beweisen, wie ich biochemische Fakten durch Fiktion einem generellen Publikum erkläre.

„Reproduktionsbiologie? Sie meinen doch sicher weibliche Reproduktionsbiologie. Wieso kümmert ihr Männer euch eigentlich nie um eure Rolle bei der Fortpflanzung?"

Obwohl die Frage der Frau an ihren Nachbarn gerichtet war, hatte sie so laut gesprochen, dass alle am Tisch sie hören mussten. Der Anlass war das alljährliche Bankett, um Spender für die Brandeis-Universität zu gewinnen, und so fühlten sich die Gäste berechtigt, Unmutsbekundungen zu äußern. Diese wurden ausnahmslos höflich behandelt, insbesondere wenn sie von potenziellen Geldgebern kamen, die eine Privatuniversität wie die Brandeis eventuell unterstützen wollten.

Der Tischnachbar der Frau und Gegenstand ihres Unmuts war Professor Felix Frankenthaler, einer der Stars der Brandeis-Universität und an diesem Abend eingeladen, um den Gästen darzulegen, welchen Gegenwert sie für ihre Spenden erwarten konnten. „Ihre Frage ist durchaus angebracht", erwiderte Frankenthaler diplomatisch. „Ich muss gestehen, dass ich selbst mir meine Reputation im Eileiter erworben habe. Obgleich", er hob die Hand, um nicht unterbrochen zu werden, „sich meine Arbeit im Grunde mit der Beweglichkeit der Spermien befasste."

„Und?", fragte die Frau in einem Ton, der inzwischen eher amüsiert als aggressiv klang. „Was haben Sie denn nun in letzter Zeit so für mich getan?" „Nun", verkündete Frankenthaler laut genug, dass die anderen Gäste am Tisch sich ihm zuwandten, „wir sind jetzt der biologischen Funktion von Stickoxid dicht auf den Fersen."

Die Enttäuschung der Frau war deutlich herauszuhören. „Lachgas? Was hat denn das mit ..."

„Gnädige Frau!", Frankenthalers Diplomatie verflüchtigte sich zusehends. „Lachgas ist Distickstoffoxid, N_2O, wie der Chemiker sagt, oder Distickstoffmonoxid. Wir arbeiten mit Stickoxid, NO, auch Stickstoffoxid genannt. Oder, genauer gesagt, mit Stickstoffmonoxid. Um ganz genau zu sein" – ohne es zu bemerken, hatte sich Frankenthaler auf den schlüpfrigen Pfad der chemischen Pedanterie begeben –, „arbeiten wir und viele andere an der biologischen Funktion verschiedener Redoxformen von Stickoxid ... Redoxformen", setzte er eilends hinzu, „bedeuten schlicht, dass Elektronen ausgetauscht wurden, was aber bei dem, was ich Ihnen erläutern möchte, ohne Belang ist."

Vermutlich wäre es nur eine Frage von Sekunden gewesen, bis Frankenthaler gemerkt hätte, dass die meisten seiner Zuhörer ihm nicht mehr folgen konnten, doch der Mann ihm gegenüber rettete die Situation.

„Ich dachte, Stickoxid sei ein Industriegas und ein giftiges obendrein. Hat es nicht etwas mit Autoabgasen, der Zerstörung der Ozonschicht und dem sauren Regen zu tun?"

„Genau!", rief Frankenthaler aus. „Aber ist Ihnen bekannt, dass es auch von Fruchtfliegen, Hühnern, Forellen und Molukkenkrebsen produziert wird? Und sogar vom Menschen? Es ist schon erstaunlich, dass ein Molekül mit einer derart einfachen chemischen Struktur und einer derartigen Vielzahl von biologischen Funktionen sich bis vor wenigen Jahren der Entdeckung entzogen hat. Trotz seiner äußerst kurzen Halbwertszeit – dem Hauptgrund, weshalb die Produktion von NO im Körper so lange übersehen wurde – steht heute fest, dass NO in kleinsten Mengen einer der wichtigsten biologischen Botenstoffe ist." Er hielt inne, da er sicher sein wollte, dass seine Worte sich allen einprägten. Was sie auch taten. Seine Zuhörer – ob sie nun wussten, was ein biologischer Botenstoff war, oder nicht – hatten aufgehört

Carl Djerassi und Hannes Androsch – Wissen Sie, was das Corpus cavernosum ist?

Erich Streissler und Carl Djerassi – die Wahl des Themas hat nichts mit dem Altersdurchschnitt des heutigen Publikums zu tun

zu essen. Genau um so etwas zu hören zu bekommen, waren sie schließlich hier.

„Stickoxid spielt eine Rolle bei der Blutgerinnung, bei der Zerstörung von Tumorzellen durch das körpereigene Immunsystem, bei der Neurotransmission und ganz besonders bei unserem Vorhaben." Frankenthaler sah die Frau, die sein Interesse an der männlichen Reproduktion angezweifelt hatte, direkt an. „Nämlich bei der Blutdruckregulierung."

„Eines unserer Probleme", fuhr er mit Verschwörermiene fort, als wüssten seine Zuhörer ganz genau, worum es ging, „besteht darin, dass wir noch nicht wissen, welche der verschiedenen Formen von Stickoxid – die neutrale, die negativ oder die positiv geladene – welche biologische Funktion hat."

„Das mag ja alles hochinteressant sein", sagte seine Tischnachbarin, „aber was hat das Ganze mit der Fortpflanzungsbiologie des Mannes zu tun?"

Frankenthaler war sprachlos. Wollte die Frau ihn auf den Arm nehmen? „Wissen Sie, was das Corpus cavernosum ist?", erkundigte er sich, wobei ein leicht verschlagenes Lächeln um seine Lippen spielte.

„Nein", erwiderte sie. „Buchstabieren Sie es."

„Das tut nichts zur Sache. Das Corpus cavernosum, auch Schwellkörper genannt, ist das wichtigste erektile Gewebe des Penis."

„So, so", sagte sie und grinste zum ersten Mal. „Darüber müssen Sie uns mehr erzählen."

„Stickoxid spielt eine Rolle bei der Entspannung der glatten Muskulatur des Schwellkörpers ..."

„Sagten Sie ‚Entspannung'?", unterbrach sie ihn. „Ich dachte, Sie wollten, dass er ..."

„Gnädige Frau!" Gott sei Dank ist das keine Studentin von mir, dachte er. „Lassen Sie mich ausreden. Ich wollte sagen, dass aufgrund der durch Stickoxid bewirkten Entspannung der glatten Muskulatur des Schwellkörpers mehr Blut in den Penis fließt, wodurch", er verbeugte sich in Richtung der Frau, als wollte er sie zum Tanz auffordern, „genau das erzielt wird, woran Ihnen so viel liegt: das Anschwellen des Penis. Anders ausgedrückt, Sie bekommen einen steifen ..." Die Frau hatte ihn so irritiert, dass er versucht war, Schwanz zu sagen, sich aber gerade noch zurückhalten konnte. „Penis", schloss er etwas lahm.

„Sprechen Sie nur weiter", sagte sie mit einer Handbewegung, die den ganzen Tisch einschloss, „wir sind alle ganz Ohr. Was machen Sie, hier an der Brandeis-Universität, denn nun, um steife Schwänze zu bekommen?" Frankenthaler lief rot an. „Einer meiner gescheitesten Postdoktoranden", sagte er so ruhig, wie es ihm unter den gegebenen Umständen möglich war, „versucht derzeit, Stickoxid freisetzende Substanzen zu entwickeln, die für den Penis geeignet sind. Zur Behandlung von Impotenz", erläuterte er.

„Ich wusste es ja!", rief die Frau triumphierend aus. „Weibliche Fortpflanzungsbiologie heißt für Sie schlicht und einfach Empfängnisverhütung. Aber wenn ihr Männer euch mit eurem eigenen Geschlechtsapparat befasst, dann macht ihr euch nur Sorgen um ..."

„Moment mal!" Inzwischen war es Frankenthaler völlig egal, dass er potenziellen Geldgebern eigentlich Honig um den Bart schmieren sollte. „Wenn Sie ihn nicht hochkriegen", fauchte er, „kriegen Sie ihn auch nicht rein. Und erst dann fangen wir an, uns um Verhütungsmittel Sorgen zu machen. Und zu Ihrer Information, die Person, die in meinem Büro daran arbeitet, ist eine Frau!"

Von da an verlief die Unterhaltung nur noch schleppend.

»Europataler – die größte Silbermünze der Welt«

Anlässlich der Fußball-Europameisterschaft 2008 und zum 500-jährigen Jubiläum des ersten Europäers, Kaiser Maximilian I., fertigte die Münze Hall in Kooperation mit der Münze Österreich den größten Silbertaler der Welt mit 2.008 dag und 2.008 Stück des Europatalers in einer limitierten Auflage.

Vor genau 500 Jahren ließ sich Kaiser Maximilian I. in Trient zum Kaiser proklamieren. Um seinem neuen Titel Ausdruck zu verleihen, beschloss er – der in Tirol ein Zentrum seiner Macht etabliert hatte – in seiner Münze in Hall einen Propagandataler schlagen zu lassen. Mit dieser damals schon außergewöhnlich großen Silbermünze (ca. 60 mm) ließ er sich als Herrscher feiern und präsentierte sich u. a. auch als „König zahlreicher Länder Europas und allermächtigster Fürst": Der Begriff „Europa" wird somit erstmalig auf einer frühneuzeitlichen Münze festgeschrieben – die Münzstadt Hall in Tirol konnte so ihren europäischen Rang vor dem ganzen Kontinent bekunden.

Nach der ersten von ihm selber geschlagenen Münze in Hall überließ der durchaus kräftige Finanzminister Hannes Androsch das Münzenschlagen doch lieber den Professionisten.

Es war Finanzminister Hannes Androsch, der die längst entschlummerte Münzstätte aus dem Dornröschenschlaf wieder wachküsste. 1975 wurde Hall wieder zur Münzstadt. Die ersten Silbermünzen wurden anlässlich der Olympischen Winterspiele in Innsbruck geprägt.

Anlässlich des Jubiläums „500 Jahre Europa" und des großen einmaligen Ereignisses der Fußball-Europameisterschaft wurde nun in Hall der „neue" Europataler geprägt: als gelungene Kooperation des Tourismusverbandes Region Hall-Wattens, der Münze Hall – Hall AG und der Münze Österreich entstanden fünf außergewöhnliche Silbermünzen. Am Abend des 6. Juni wurde der Europataler 2008, für den die gleichen Fachleute verantwortlich zeichnen, die auch den Philharmoniker gestaltet haben, erstmals in Hall in Tirol der Öffentlichkeit vorgestellt.

Die Vorderseite des über 20 Kilo schweren Europatalers entspricht jener aus der Zeit Maximilians: Sie zeigt den neuen Kaiser in Rüstung zu Pferd, in seiner Hand hält er ein Banner mit dem Doppeladler.

Die Rückseite des Europatalers zeigt Symbole für die Geschichte Europas: Auch die Umschrift der Rückseite entspricht der des historischen Talers, doch ist hier das Münzbild erneuert. Es zeigt bedeutende Persönlichkeiten aus der Geschichte Europas. Ihren Auftakt bildet Martin Luther, der mit seinem Thesenanschlag und seiner Bibelübersetzung im 16. Jahrhundert zugleich den Übergang vom Mittelalter zur

Neuzeit symbolisiert. Die auf dieses Ereignis folgende Reformation und Gegenreformation haben das religiöse und geistesgeschichtliche Bild Europas bis heute nachhaltig geprägt. Für die Bedeutung des europäischen Kulturlebens steht exemplarisch das Werk Antonio Vivaldis. Der rothaarige Priester aus Venedig gehört zu den größten europäischen Komponisten des 17. Jahrhunderts. Nachhaltige Veränderungen brachte die Industrialisierung Europas, die sich in der Folge großer technischer Innovationen im Zeitalter der Aufklärung vollzog. Zu diesen Erfindungen gehört insbesondere der Bau der ersten Dampfmaschine im 18. Jahrhundert durch James Watt. Zu den großen Umbrüchen in Europa sind auch die stetigen Versuche zu zählen, die zahlreichen Kriege auf dem Kontinent zu zivilisieren und sie durch eine pazifistische Politik zu ersetzen. Auch wenn dieses Ziel noch lange nicht erreicht war, gehört die Friedensnobelpreisträgerin Bertha von Suttner zu den ersten Exponenten dieser Entwicklung im 19. Jahrhundert. Zu nachhaltigem Frieden und wirtschaftlichem Fortschritt gelangt Europa jedoch erst nach den Katastrophen der zwei Weltkriege, in der zweiten Hälfte des 20. Jahrhunderts. Der Prozess der europäischen Einigung stellte

Die Wiederbelebung der Münze Hall wurde von der ganzen Stadt als Fest für den jungen Finanzminister inszeniert

sich dabei als eines der nachhaltigsten Mittel bei der Sicherung dauerhaften Friedens heraus. Verbunden werden diese Szenen mit Hilfe des Münzerturms, des Symbols der Münze Hall, der zugleich Ausgangspunkt und Ausblick in die Zukunft darstellt: Von ihm gehen Sterne als Symbol der europäischen Einigung aus, die in die europäische Zukunft des 21. Jahrhunderts überleiten.

Für die Präsentation der fünf Silbermünzen konnten fünf Paten aus Industrie und Wirtschaft gewonnen werden, die mit großer Begeisterung die Idee unterstützten: Dr. Hannes Gruber, Generaldirektor und Vorstandsvorsitzender der Hypo Tirol Bank AG; Vizekanzler und Bundesminister für Finanzen Mag. Wilhelm Molterer; Dr. Hannes Androsch, der als Finanzminister die Wiederbelebung der Münze Hall ermöglichte, Androsch International Consulting; KR Dietmar Spranz, Generaldirektor der Münze Österreich, und Balthasar Hauser, legendärer „Stanglwirt".

Über die Prägung bzw. Präsentation der Europataler hinaus, soll sich der europäische Gedanke in Hall wieder stärker manifestieren. „Wir können uns etwa vorstellen, dass die Region Hall-Wattens durch die Münzen im Ausland präsentiert wird und so der neue Taler seine Reise durch Europa antritt. Zusätzlich werden heuer noch 2.008 Europataler in Originalgröße geprägt, die schon jetzt auf großes Interesse stoßen", freut sich Mag. Bettina Haas, Geschäftsführerin der Region Hall-Wattens, über die gelungene Idee.

Gruppenbild mit Dame – Hannes Androsch, Balthasar Hauser, Eva-Maria Posch, Wilhelm Molterer, Dietmar Spranz, Wolfgang Duchatczek (v. l. n. r.)
Ernst Friedrich und Hannes Gruber
Dietmar Spranz und Wolfgang Duchatczek

Markus Plöbst, Hannes Androsch und Beppo Mauhart
Balthasar Hauser mit Hannes Androsch
Balthasar Hauser, Dietmar Spranz und Beppo Mauhart

Zum Kehraus mit dem Segen der Kirche und den Klängen von Musikern der Salinenkapelle aus Altaussee – Pfarrer Markus Plöbst, Hannes und Brigitte Androsch

Nicht nur bei der perfekten Organisation eines Geburtstagsfestes braucht ein erfolgreicher Mann starke Frauen an seiner Seite – Hannes Androsch, flankiert von Renate Platzer zu seiner Rechten und Ingrid Sauer zu seiner Linken, links außen Michaela Häusler und rechts außen Sabine Edith Braun

»In der Politik hat keine Emotion und keine Leidenschaft Platz außer der Leidenschaft zur Vernunft.«

Helmut Schmidt

Ein ganzes Buch voller Unterschriften – ein Dokument der Freundschaft, des Vertrauens und der Anerkennung

Ad finitum: zum Geburtstag noch ein Ehrenring. Der Bundesvorstand des Arbeiter-Samariter-Bundes Österreichs dankte Hannes Androsch, ASBÖ-Präsident von 1982 bis 1999 und seither ASBÖ-Ehrenpräsident, für seine Verdienste und gratulierte ihm zu seinem 70. Geburtstag. Zum Dank für sein Engagement wurde Hannes Androsch der Samariterbund-Ehrenring in Gold für besondere Verdienste verliehen.

Bildnachweis

COVER: Peter M. Mayr
AIC/Siegfried Sauer: 141
ASBÖ: 144
Austrian Research Centers, Harry Krischanz: 17
BAWAG PSK: 13, 14, 17
Deutsch Gerhard: 11, 20, 21, 37, 46/47, 49, 50, 51 (6), 52 (6), 53, 54, 55, 56 (6), 57 (4), 58 (5), 59 (2), 60, 61 (2), 62 (5), 63 (6), 64, 65 (6), 66 (5), 67 (2), 68 (5), 69, 70, 71, 72, 73 (2), 75, 76, 77, 78, 79, 80, 83, 87 (2), 88/89, 91, 93, 97, 98, 99 (5), 101, 102 (2), 103 (2), 105, 107 (2), 108 (2), 109, 111, 140 (2), 143
Fotopositiv/Mikes: 32
Haupt Annalena: 9
HBS: 113, 115, 116, 118
Herbst Robert: 127, 128 (2), 129, 130, 132, 134 (2)
imago stock & people: 15
Kraus Klara: 123, 124 (2), 125 (2)
Münze Hall: 10, 136, 137, 138 (2), 139 (6)
Österreichische Akademie der Wissenschaften, Kommission für Kunstgeschichte (Foto: Karl Pani): 24/25
Ott Carina: 23
Photostudio Haslinger: 18
Privat: 25, 94
Privatarchiv Prof. Krejci: 35 (2)
Privatarchiv Schneider: 84, 86
Rechtshochschule Bratislava: 121 (4)
Reiberger Karl: 34
Schedl Ludwig: 26, 27, 28, 29 (3), 30, 31, 33, 39, 40, 41, 42, 44, 45 (2)
Schweinöster Walter: 7
Ullstein Bild/picturedesk.com: 112
Votava: 95

Herzlichen Dank an Ilse Helmreich (Geschäftsführerin des echomedia verlags) und ihr Team Elisabeth Waidhofer (Grafik), Claudia Knöpfler (Fotoredaktion), Mag. Brigitte Lang (Produktion) und Dr. Roswitha Horak (Lektorat).